ISIDRO CABELLO HERNANDORENA

JUGANDO AL MUS CON LAS MUSAS

A MI PASO POR LA VIDA

Primera edición: 13 de marzo de 2024

© Isidro Cabello Hernandorena, 2024
© Ediciones Carena, 2024

Ediciones Carena
c/Alpens, 31-33
08014 Barcelona
T. 934 310 283
info@edicionescarena.com
WWW.EDICIONESCARENA.COM

Diseño de la cubierta: Natàlia Caro
Maquetación: Cristina Carril

Depósito legal B 4378-2024

ISBN 978-84-19890-47-4

Impreso en España - Printed in Spain

Dedico este libro a quienes, a pesar
de todo, me han acompañado;
relaciones significativas,
en un tramo más o menos largo,
en este mi paso por la vida.
Y, en especial, a los que más y con más cariño.

A Isidro Cabello Hernandorena

Por su libro, aún inédito,
A mi paso por la vida

A tu paso por la vida
has encontrado caminos
y cuando no los había
los has abierto tú mismo.

A tu paso por la vida,
a tu aire y a tu ritmo,
del saber has hecho norma
y de la bondad, oficio.

Eres poeta labrador,
eres maestro campesino.
Cada surco de tu azada
es un verso hondo y sencillo.

Ansia de conocimiento
y de amor te lleva en vilo.
Larga vida a tu palabra
y a tu paso, buen amigo.

ANTONIO PÉREZ ROLDÁN
31-10-22

Caminante, son tus huellas
el camino y nada más;
Caminante, no hay camino,
se hace camino al andar.
Al andar se hace el camino,
y al volver la vista atrás
se ve la senda que nunca
se ha de volver a pisar.
Caminante no hay camino
sino estelas en la mar.

ANTONIO MACHADO. *PROVERBIOS Y CANTARES*
(XXIX). CAMPOS DE CASTILLA (1917)
*

Perquè la poesia és, per a qui l'escriu,
aprendre a escriure's ell mateix.
Per a qui la llegeix és aprendre a llegir-se.

JOAN MARGARIT. «ANIMAL DE BOSC».
ANIMAL DE BOSC (2021)
*

Todo lo bello deja un hueco
en el lugar en donde estuvo, como
queda la huella
de un cuadro en la pared en donde
permaneció colgado un tiempo.

RAFAEL GUILLÉN. «LA HUELLA».
ÚLTIMOS POEMAS (LO QUE NUNCA SABRÉ DECIRTE) (2019)
*

Una imatge val més que mil paraules. Cert.
La paraula poètica, però, suggereix mil imatges.
A. ARISO GUTUR

SOY COMO SOY, SOY QUIEN SOY

Nómada

Pasar de largo
por todas las ciudades,
por todo campamento
y por los mares
plagados de sirenas
que pugnan por pararme.

Siempre avanzando
—eterno caminante—
por las rutas ignotas de las sierras,
trazando los senderos a mi paso por los bosques salvajes.

Abrir camino
sin sentirme heredero de nada ni de nadie
como un perenne Adán,
siempre inventando, siempre burlando los gigantes
obstáculos y trampas
de tierras y mares.

Mi pecho
late
ágil, raudo, veloz,
atravesando montes, ríos, valles.
Seguir andando
gozando del sinfín peregrinaje.

No quiero repetir
dos veces dos acciones semejantes
ni
en pequeño detalle:
constantemente
echar el pecho al aire,
respirar hondo,
seguir adelante.

El cantar de un hombre libre

Yo no admito rectores de conciencia.
Abomino de padres mayestáticos
que velan —por dinero o por orgullo—
el galope tendido de mi sangre.
Mi padre soy yo mismo. Si me pierdo,
pagaré mis fracasos con mi sangre;
si recorro la carrera de mi vida
burlando los obstáculos de frente,
los laureles del triunfo serán míos.

Cimarrones prefiero los caballos,
a tormentas expuestos y sequías
y que escapan a brincos de las trampas,
a corceles de cuadras señoriales,
saciados en sus ansias de cebada
y esclavos al antojo de sus amos.
El galope tendido de mi sangre
yo solo con mi mente lo domino.

Las leyes de mis obras son mis hijas,
—unas hijas de parto hermafrodita,
sin sombra de semillas exteriores—.
Ante nadie he bajado mi cabeza
y siempre la tendré mirando al frente.

Cuales cándidos niños

La tormenta que brama en mi cerebro
busca salida.
Me veo circundado de mentira,
la mentira gobierna el universo
con el cetro real y el cien por cien de los votos.
La mentira, parásita del hombre
—viejo peral plagado de pulgones—
crece, engorda, aumenta,
insaciable, glotona, ilimitada.
El hombre se emponzoña hasta los tuétanos,
muere la música,
son zorros los párvulos,
los inventos humanos, el abono
de su cizaña:
la Justicia, la Ley, sus Magistrados,
la Verdad, los profetas, los mensajeros
de Amor. Hipocresía
de Jano.

La tormenta que brama en mi cerebro
busca salida.

17

Voces de amigos
gritándome consejos
opuestos.
Los otros:
enemigos, contrarios, alimañas…
¡Ridículo, ridículo!
Hablar soltando guerra entre los labios,
hablar de cárceles, hablar de muertes,
y guerrear, matar y encarcelar.
No.
Vosotros, mis amigos,
llegaréis a matarme:
jamás yo mataré a vuestro enemigo.

El odio
—carnet de identidad de los humanos—
eterno vivirá, alimentándose
—vampiro no inventado—
en los mares de sangre nutritiva.

Sembrar en los caminos
bosques de robles, bosques
de hayedos,
muralla inexpugnable para el odio.

(La tormenta resuena en mi cerebro…)

Abeto

«Las torres que desprecio al aire fueron
a su gran pesadumbre se rindieron»
RODRIGO CARO. *CANCIÓN A LAS RUINAS DE ITÁLICA.* vv. 16-17

Y ni siquiera –o sí, quién sabe– soy
abeto de esplendor, triángulo isósceles,
el de altivo mirar, pose segura,
grácil serenidad ramificada
exhibiéndose, ausente, en la colina
mecido por un bóreas de júbilo,
bastión también que arrostra los embates,
pleno estar, mero ser, conciencia plana,
en medio de la nada o de otros bosques
–qué más da, si será señero siempre.

Las líneas isóbaras se juntan
en meteorológicos augurios
mientras sopla a traición y en zigzag, pérfido,
un vendaval helado, en torbellinos,
vórtice que en sus ojos ingurgita
como palillos presas colosales.
Yace el abeto, abatido sin sentido,
línea horizontal sus veinte metros.
Y ni siquiera –o sí, quién sabe– soy
abeto esplendoroso o rey caído.

Coche que no arranca

Confuso, a tropezones, sin saberme
ebrio, sobrio, sagaz o desnortado,
mosca en cueva cerrada, mi camino
callejón sin salida y, sin embargo,
cavilando, parece, por un mapa
—*imago mundi*— al que confíe, vago,
el devenir de mi zigzag y afine
lo que tengo y no tengo, con mis pasos
firmes, por fin, por un momento o siempre,
pensador o soldado,
como tantos, también vosotros, sufro
del mal intelectual y del barranco
que entorpece el fluir de mis ideas
o deja, de repente, como un rayo,
salir mis pensamientos, como dejan
las alzadas compuertas de un pantano
desbordarse las aguas turbulentas,
y, como tú, sopeso cada paso
que doy y que no doy, mientras intuyo
que lo que no quiero amo.

De profundis...

Serpiente sibilina que me silbas
sinuosos sonidos en la selva
salvaje del vivir, ¿me engañas, ingenuo,
con tu postín de similor y encanto
o me avisas, vidente demoníaca,
de asechanzas malignas que acogotan
mi designio? Alotrópicas señas
emiten, solunares y difusos,
tu bifronte mirar, tu lengua bífida.

Encrucijada: rumbos de distemia
cerebral, exultantes o aplastados
los ánimos. Inerme cuanto inerte
quedo, con desvarío obnubilado.
¿Arranco o bien arraigo? No sé. Bipenne
en mano, la defensa y el ataque
aglutino, y como el asno buridano
muero de hambre y de sed, sin decidirme.

Mundo

Acallante retumbo del absurdo,
siniestro sentimiento de vacío,
palabras silenciosas en la mente
—garganta amordazada—
y mucho frío.
Lo vivo
caprichoso soplido de los dioses
genitores de vida antojadizos.

Esto es así
y yo soy polvo
solamente polvo caminante hacia el polvo eterno.

Soy
como pizca de arena en un rosario de playas,
molécula invisible de la atmósfera inmensa,
el fruto fecundado entre millares de aspirantes,
un punto.

Pero
soy.

Yo puedo derribar —cerebro en mano—
el tropel de embarazos del absurdo,
doblegar a mi antojo las orillas
de los mares, tornar favorable
el rumbo de las nubes,
inundar de cariño —deshaciendo fronteras—
mi ámbito
personal.
Entre el enjambre ilimitado, inmenso,
yo, centro,
dirigiendo el decurso de mis horas.

El cansancio —mortal
enemigo del vivo, del inerte
ruin cómplice—
adormece el vigor de mis miembros
y caigo.

Esto es así
y yo soy polvo.

El pájaro canta en la jaula

El pájaro está en la jaula
alegre y revoloteando,
el pájaro está en la jaula,
el pájaro está cantando.
Abridle la jaula al pájaro,
que yo sé que está llorando.
Abridle la jaula al pájaro,
que yo sé que está llorando.

EL CAÑAVERAL, CANCIÓN

Por propia voluntad se enjaulan pájaros
en pos de protección o de comida.
«Absurdo», bisbisea algún humano.
La jaula —de oro, hierro, alambre, astillas—,
prisión para uno, para otro es asilo.
La libertad y el gavilán habitan
fuera de los barrotes. Tan absurdo
no resulta enjaularse de por vida
sopesando los pros y los contras
si el vaso medio lleno se veía.
El pájaro encerrado canta y llora
porque algo deseado no tenía
o porque algo tenía bien querido:
amor y libertad… o garantías.
Si abren la jaula, ¿a las alturas vuela,
con el cielo se funde y jamás vira?
¿Se resiste a salir o sale al hombro
del amo y juntos hacen buenas migas?
Concibo aves medrosas que se enjaulan.
Yo prefiero aves que prefieren la huida.

24

Nosotros y nuestros amigos

En homenaje a
François de la Rochefoucauld

Somos complacientes
con nuestros amigos
pues en ellos vemos
a nosotros mismos.

Nada amar podemos
sin relacionarlo
con nosotros mismos
y lo que apreciamos.

Cuando preferimos
nuestras amistades
aun sobre nosotros,
estamos cabales:

seguimos entonces,
entre auras ocultos,
nuestro placer propio,
nuestro propio gusto.

Nuestra preferencia
de nosotros mana
y de la amistad
es la salvaguarda.

La amistad perfecta
el interés colma
de nuestro amor propio,
que todo corona.

Previviente

Por siempre he sido un previviente,
con temor permanente de hipotéticos
futuros males; me ponía vendas
antes de las heridas, un remedio
que tenía sus costos, mas mi espíritu,
en raro *quid pro quo,* aceptaba el precio
al conseguir tranquilidad del alma
trocando mis temores en señuelos
de latentes genéticos mutantes,
micropartículas y miasmas fétidas,
que apartasen como a nubes el viento.

Adversidades, daños y tristezas,
que remoloneaban en mi entorno,
me parecían disiparse como
por nigromancia, invocación de espíritus
desviadores de males hacia fuera.
Por un vivir en paz y con holgura
vendía al diablo mi alma y una vela
ponía a Dios, rompiendo el maleficio,
por siempre previviente.

A mi manera –medieval del siglo
veintiuno, brujo con un móvil último–
vivía infelizmente feliz y eso
saldaba mis adeudos y mis gafes,
aun viviendo enterrado como un muerto.

Ensoñaciones

He vivido y querría vivir tiempo
como hasta ahora vivo, siempre a mi aire.
Entro y salgo en los hechos sin aprioris,
sin compromisos que me apresen y aten.

Mi apego por personas y por cosas
—belleza, sentimientos, ideales—
perdura no por ellas, que perdura
por mi ponderación de calidades.

Vivir es elegir, me paro y pienso,
no siempre conociendo lo que aguarde.
Lo incierto del vivir espuelas pone,
vivir es afrontar que somos lábiles.

Hora es, pues, de zarpar desde esta orilla,
ahora que el sabor del propio viaje
puedo aún degustar y, de una en una,
gozar de sus escalas, dulces o acres.

Metonimia es el yo (Palinodia)

«Las entidades no son más que nodos efímeros en
esta madeja. [...] Existen en relación a algo más.
Todo es lo que es solo en relación a algo más...»
CARLO ROVELLI. *HELGOLAND* (2022)

Como el yo, metonimia será el hombre
de un todo tan complejo como un mundo.
Si el yo y el hombre suman relaciones
y filamentos, hacia el exterior,
que insúflanles grosor y consistencia
aparentes —engañan los sentidos—,
hacia el interior, juntan poblaciones
enteras de bacterias, con sus luchas
y sus amores compartiendo espacio
por el cuerpo y con flujos más influencias
cerebrales que ajustan y enriquecen
memoria, voluntad y entendimiento.
Mis circunstancias son mi yo y descarto
como una presunción mi independencia.
Adiós, Kant y Descartes, triunfa Hegel;
adiós cantores de mi yo acendrado:
metonimia es el hombre y lo es el yo.

ASÍ ME EXPRESO

Querrás que mis palabras te construyan

Querrás que mis palabras te construyan
un mundo de ilusiones y sorpresas;
querrás que yo te encuentre con mis versos
las luces matinales y serenas,
y querrás que te espante como un mago
los temores nocturnos que te aterran:
no sabes que también camino ciego
e indago mi destino incierto a tientas…

Mural de piedra

Cerámica de Joan Miró *El muro de la luna*
(fragmento, 1955-1958). Edificio Unesco, en París

Geometría sólida de piedra,
ciclópeo mural de línea recta,
interrogante curva que agiganta
la hermosura azulada de la luna.

Círculos en negro, rojos de ajedrez,
amarillo chillante y solitario,
verdes y grises, ocres y marrones,
mosaico de colores y equilibrio.

Estrella entre estertores mortecinos
como humilde contraste con la luna.
Vitales cielo y tierra congelados.

Infancia, madurez, vanguardia y arte.
Escritura pictórica de piedra
en armónica unión de los contrarios.

Efectos

Gozoso escalofrío
sacuda y convulsione
como un gong ancestral
dormidas sensaciones.

Venid, Baudelaire, Bécquer.
¡Correspondencias mágicas!
Echad a rodar, libres,
sinapsis y metáforas.

Revueltos cielo y tierra,
sin Tánatos triunfe Eros,
y desarbole el júbilo
razón y sentimientos.

Oficio de poeta

Escribir con palabras de la Lírica,
sentado en mi despacho, entre consultas
de los grandes maestros de la Roma
antigua y de la más antigua Grecia,
intentando emular lo inimitable...
ya no me basta: son meras palabras.

Componer con ideas y artificios
amor cortés en trovas y sextinas
tras haberme empapado en Gay Saber,
arte de trovadores avezados
en *ric* y *clus trobar,* oscuro, hermético...
ya no me basta: son meras palabras.

Crear silvas, octavas o sonetos
con *topos* de la lírica de Italia,
tamizado en ibérica prosodia,
dolorido sentir de Garcilaso
y barrocos ingenios o agudezas...
ya no me basta: son meras palabras.

Dejar bullir mi mente con ardores
vivísimos del horno imaginado,
estallando de nudos sentimientos,
hijos del corazón y las pasiones,
con libertad total que rompe moldes...
ya no me basta: son meras palabras.

Crear selvas de símbolos, imágenes,
de raíces freudianas, simbolistas
y huellas surrealistas de vanguardia,
ecos de Beaudelaire y de Breton,
corrientes de conciencia, ensoñaciones...
ya no me basta: son meras palabras.

Humillar el estilo, deslizarme
por hablas coloquiales, con sintaxis
de cotidianidad elaborada
y experiencia de Jaime Gil de Biedma,
a rebufo de rapsodas londinenses...
ya no me basta: son meras palabras.

No son meras palabras, son palabras
quintaesencias, yo lo sé, de ricos
materiales en sabios alambiques,
genial intuición y mucho oficio,
succión de ajenos frutos y los propios...
no son meras palabras, son palabras.

Constatación

No descarto que estoy buscando versos
–digamos que belleza o conjeturas
estéticas, sociales o intimistas–,
mientras por el candil de aceite y mecha
(¿así de primitivo? ¡no jodamos!)
que es imagen exacta de mí mismo,
el cierzo sopla frío por si apaga,
vengativo sin causa, indiferente,
mi pabilo, que brilla descuidado,
muestrario de mis fuerzas y flojeras,
reflejo de vigilia y abandono,
mezcla de chispeante y mortecino.

ENTORNO DONDE VIVO

2000 once

«nox atra cava circumvolat umbra»
VIRGILIO, *AENEIDOS,* II, 360

el viento sopla y silba entre los álamos
de la calle y resuenan las farolas
encendidas a medias en la noche
de febrero las luces van y vienen
irregulares brillo intermitente
fantasmagóricos soldados botan
por las fachadas mientras las ventanas
resquebrajan nocturnas sus cristales
son disforme fulgor entrecortado
sombra en sombra barrunto en intestinos
incertidumbre cierta inquietos ojos
sin palabra sin eco sin sonrisa
bruscos escalofríos zarandean
los hombros cadavéricos del alma
agarrotada y rajan sus costillas
se confunden con ronca algarabía
los límites del cuerpo y las fronteras
mentales con las lindes de lo onírico
sin fijeza las horas se hacen noches
enteras las miradas se revuelven
a la calle y no cesan los presagios
de luz y niebla de dolor y vómito

cardelinas empero
en radios y teúves e internet
trinan gratificantes sus gorjeos
y escamotean oh trileros hábiles
quiénes titiriteros guiñolescos
o mandados narcótico placebo
por espejismos o señuelos toda
realidad real toda tragedia
del hombre condenado por sus lumbres
a la consciencia cruel clarividente
no hay yo no hay no chistar ni mistar boca
corcusida con hebras de oro gruta
tapiada por peñasco sellador
calle todo chitón la sombra eterna
cae sobre la música de valses
y rae con punzón todo vestigio
de quien pisara firme la existencia
pasa página baja el telón dormita
libertad quién te aclama quién te llora
no pero yo te canto

Del tiempo de la ilusión a la ilusión del tiempo

«A heap of broken images»
T. S. Eliot, *The Waste Land* (1888-1965)

Cuando éramos pequeños
la ilusión se vivía del mejor de los mundos,
mas de espaldas al mundo, con orgullo
y el Invicto, nuestra espada y nuestra clueca,
por la gracia de Dios
—en lenguaje de palios y de duros,
del martilleo de la radio y del tebeo de Roberto Alcázar—;
abundaban la pana y la alpargata,
bigotillos, sotanas y uniformes,
nuestros pies nos llevaban y alguna bicicleta,
y había quien lucía su biscúter;
a la escuela llegaban,
con letras enigmáticas,
botes de leche y queso, y a la calle
el genuino sabor americano;
eran años escasos en comida
y de mucho rosario
y, ¿recordáis?, de ingenuas ilusiones.

En nuestros años jóvenes
degustamos el vértigo del viaje
al mundo rico,
con mucho miedo y muchas ilusiones
 inseguras, con cuerdas las maletas
de quien nada valioso tenía o transportaba.
Millones de turistas
en dirección opuesta chocaban con nosotros;
con idas y venidas
entraban de matute
televisores, dólares, biquinis,
protestantes, marxistas, curas rojos
y nacionalistas sin mala conciencia.
Todo fluía,
como torrentes nuevos tras sequera,
con la Renfe, el Seiscientos y autostop,
en viaje a libertades ensoñadas
de obrero, intelectual, sindicalista,
hotelero, empresario, mujer y habla pueblo.
Grises, verdes, secretas,
socavaban los cauces a destiempo,
mas el tiempo jugaba su baraja
entre triunfos y cambios.

Y nos llegó la boda
con el amor, la calle, las lecturas,
la música en inglés, el voto y las melenas.
Triunfábamos en todo, adalides del riesgo y prácticos profetas.
Mas inmediatamente,
de entrada, no, y nos metieron,
hechos diferenciales, cayó el muro,
banqueros, cardenales, pelotazos y emeuwes,
del PC al PC en casa,
cope, mundo, país, egin y la tres,
atónitos nosotros, insomnes, navegando
ilusos en el arca de ONG:
mareo del toreo,
carrera de cangrejo, cabeza de avestruz,
casa de caracol,
cualquier tiempo pasado,
qué hacer.

Estampas de nuestra sociedad

(POEMA EN CINCO ESTAMPAS)

I

EL DIÁLOGO IMPOSIBLE

«¿Por qué me hablas, extraño, en esa lengua
que eriza mi piel, causa desazones
en mis recónditas esencias puras?»
    «Hermano, no te asusten
los ecos alargados de mis sílabas,
que no encierran peligros ni amenazas…»
    «Ya hay bastante. Vecino
serás, no hermano. Nunca
viviremos en tu habla. La mía, oye,
es la de los dos. Tú, calla, te lo digo».
    «Mezclemos nuestras sangres sin reparo
en el lecho nupcial de nuestras bodas».
    «En mi lengua o no hay trato, forastero».
    «Al cincuenta por ciento, como gustas
decir cuando negocias en el centro».
    «Todo es mío. No sueñes
negocios ni repartos. Es mi casa
y yo mando. No te echo, tú te expulsas».

La madre del cordero

El Palau del Gran Padre,
anacrónico y gótico edificio,
bajo hermosos naranjos, carillones
y uniformes folclóricos,
a escondidas cobija los cerebros
de recios sacerdotes informáticos
paladines, guardianes y verdugos
de la Nación Sagrada
cuyo misterio
—oh Santa Metafísica—
emparenta con montes aserrados
en forma de severa fortaleza
que protege y amenaza la llanura.

3

Rutina campestre

Gavilanes que otean desde lo alto,
localizan su presa, la encandilan,
de repente la atacan, la atenazan,
la oprimen, la apuñalan con sus garfios
la matan y aniquilan,

así los autonómicos guardianes,
agentes del Gran Padre, casi abuelo,
cainitas con ropajes de Abel, suaves,
ahogan voluntades disconformes
en los ríos revueltos, traicioneros,
con sus redes de eslóganes espesos,
y acorralan su presa, la degluten,
fagocítanla, sierpes satisfechas,
sonríen inocentes…

4

PESADILLA

«Galerías ocultas bajo el lecho
acercan mi pensar a sus disquetes
donde graban mis íntimos afanes.
Escucho, sí, sus pasos en el aire
mientras tejen, arañas incansables,
sus telas informáticas, e inquieren
de mí la aceptación de sus consignas
o urgen con el exilio, el aislamiento
y la muerte civil…
Sudores. Me rebullo. Pesadillas,
me digo. Pero no. Alambres y picos
me sujetan y cavan mi sepulcro.
Lloro. Me quiero libre.

Sonrisas contenidas se dibujan
en sus jetas perrunas, se transforman,
sin tránsito, en halagos comprensivos,
me desarman, descentran mis defensas,
me cazan. ¿Dónde están todos los míos?»

5

MADRUGADA REMOTA

Resbalan lentamente por mis ojos
las lágrimas rabiosas mientras brotan
en las profundidades de mi vientre
las onzas de energía necesaria
para recuperar, si no con creces,
dignidades perdidas o robadas
por quienes con sus bálsamos y engaños
mis sentidos burlaron y se asientan
ufanos en mi casa, pero alertas,
psicológicos viejos comerciantes,
ante mi despertar, que ya barruntan
porque mi habitación la van llenando
flores de calabaza matinales.

Minioda a la patria

«Per por a la crueltat dels convençuts,
he callat moltes coses, per exemple
una ja vella aversió a les pàtries,
la meva i la dels altres»
JOAN MARGARIT. «ORFEU». *ANIMAL DE BOSC* (2021)

Hemos vivido, patria, por ti, dicen:
tú nos has moldeado a tu manera
y lo que somos, patria, de ti emana
 —carácter, territorio, historia y lengua.

Me he parado a pensar: no estoy conforme
con aspirar a ser copia perfecta
de tus quintaesencias y *volkgeist:*
tus hijos somos, sí, mas tú, hija nuestra.

A la vez nos hacemos, no lo olvides.
Acepto yo tu impronta en mis creencias:
acepta tú la mía. Yo te quiero
no absorbente, imparcial, de ley y abierta.

Orillas del Alhama

Suave herbaje brilla afable
con lustre puro como estaño.
Agua neta, limpia imagen
de espejo y luna siempre claros.
Niños juegan, tras celajes:
sonrío y miro, absorto, al prado...
Hoy, recelo; ayer, en jaque;
mañana, inercia en cuerpo laxo...

Sueño y pienso en cielos y aires
azules bien profundos, zarcos.
Quiero, amigos, paz y panes,
cabal la paz, los panes almos.

Noche de fiestas

La música suena en la plaza
y llena de alegres compases
de cuatro por cuatro los aires
la noche completa hasta el alba.

Esperando el golpe

sentir la mole inmensa lentamente
pero incesantemente aproximándose
problemas
en penumbra entrevistos
                              percibidos
a los leves fulgores de la mente
en su cruel existencia
pero para-
lizadores
luminosidad vaga de contornos
                              b orro s os y relieves
mareo del toreo
(incruento todavía)
de pases incesantes
de las capas apenas enfocadas
     embotamiento droga
     atontamiento sueño
     gran atolondramiento
coche calado que no arranca nunca

(((subterráneos gritos sin sosiego
y agoreros barruntos
voces premonitoras
en lo hondo de la cueva
«recuerde el alma dormida,
avive el seso y despierte
contemplando
cómo se pasa la vida,
cómo se viene la muerte
tan callando»)))

El esclavo (Estado de excepción)

Sentirse atado
como feraces árboles por las raíces
de la ignorancia.
Sentirse amordazado
como un enfermo loco en una operación
de cráneo y corazón.
Sentirse encarcelado
como un ruin condenado anónimo
sin poder escapar.
Sentirse aniñado
como inocentes nenes con juegos de muñecas
sin preocuparse de nada.
Sentirse amortajado
como una vieja momia del Egipto funerario
con silueta de hombre y muerta.
Sentirse remojado
como una piedra lisa por las lluvias lentas
de consejos de obediencia.
Sentirse vigilado
como unos indefensos gallineros campestres
por un gavilán.
Sentirse obligado
como un mudo total al silencio completo
y no osar hablar.
Sentirse anonadado
como todas las nadas que no existen
ni las dejan existir.

Zarandeados por el bicho (Divertimento)

Dos mil veinte: se remueven
bases de vida terráquea
en boca, nariz y tráquea,
donde los virus se atreven
con células y conmueven
el alma de las entrañas
con novedades tamañas
para legos y científicos
sin remedios específicos,
ni técnicas ni artimañas.

Alarmados, dan la alarma,
pues toca resistir siempre
en eterno parasiempre
de la ciencia con el arma
y el empeño que desarma
las virales correrías
por íntimas galerías,
mientras los cuerpos resisten
y con tozudez insisten
en próvidas cacerías.

Es hora de resistencia
humana y universal
entre la niebla ambiental,
lucha contra la impotencia
con ayuda de la ciencia.
Hay quien deja que retumben,
mientras las masas sucumben
a cientos, miles, diez miles,
virus como proyectiles
—que a ti y a mí nos incumben.

Tras tres años: despejado
y libre de pesadillas,
de geles y mascarillas,
porque ha muerto o ha sanado
quien se había contagiado.
Nadie mantiene el recuerdo,
como universal acuerdo,
del pasado con viveza,
por zafia delicadeza
o parecer sano y cuerdo...

«La mecánica cuántica y los experimentos con partículas nos han enseñado que el mundo es un constante e inquieto pulular de cosas, un continuo venir al mundo y desaparecer de entidades efímeras. Un conjunto de vibraciones, como el mundo de los hippies de los años sesenta. Un mundo de acontecimientos, no de cosas.»

CARLO ROVELLI. *SIETE BREVES LECCIONES DE FÍSICA* (2016)

MÁS ALLÁ DE LA NATURALEZA

Ser y no ser...

A Toni

Ser y no ser y estar no estando ya.

Entrelazamientos

«El amor está en todo, es todo. Hace que todo tienda a estar
enlazado. Sin amor, todo se desharía en la nada»
A. Ariso Gutur (1950)

«El entrelazamiento –junto con la superposición de estados–
es lo más extraño de la mecánica cuántica»
William D. Phillips (1948)

«El entrelazamiento no es un sino más bien el rasgo
característico de la mecánica cuántica»
Erwin Schrödinger (1887-1961)

Habré pasado por la vida, amigos,
cabalmente, sabiéndome presencia
que parte forma de las otras vidas.

El sentido del yo no es un yo puro,
hijo de radical partenogénesis
y más tarde estilita y ermitaño
o practicón autista de aislamientos.

Nuestro yo es el nosotros, todos uno,
en comunicación inacabable,
multisectorialmente, con recíprocas
holosinapsis y perenne enlace
entre constelaciones siderales,
astros binarios de estelar sistema,
planetas y satélites en órbita,
la Tierra, continentes, mar océano,
reinos de seres vivos: animales,
hongos, plantas, protistas y moneras.

También nosotros, reyes de esos reinos
—autocoronamiento falaz e hýbrico:
no hay ni reyes ni *primus inter pares,*
hay un magma encendido o calcinado
en esferas sin límites e informes—.

Todo está para todos, para nada
particular, esencias en potencia
o en existencia efímera y finita
navegando en abiertos macrocosmos,
que tienden al desorden por el orden,
la simetría, el ritmo y la armonía.

Pero yo, sin embargo, ciego o lúcido,
me obstino en concebirme diferente,
único, sin igual, no insolidario
mas autosuficiente, no orgulloso,
sí consciente de ser señero y libre…
mientras, flora y cerebro intestinales
reclaman condominio en mi persona.

Comparto, como humano, mi parcela
con personas amadas que yo elijo
y cerebros que admiro. Son recíprocos
los jugosos enlaces e intercambios,
con entrelazamientos a distancia,
de caricias, informes, reflexiones,
guiños, exhortos, besos, experiencias,
intuiciones, eléctricas sinapsis,
e-fusiones, discursos racionales,
barruntos desde el vientre, ensoñaciones.
Emitiendo neutrinos a millones
me esparzo cada día al universo.

Nos unen el amor que vigoriza
y la ternura sosegada, esbelta;
también rivalidades enconadas
y, verlo apena, odios enfermizos
(la indiferencia, en cambio, nos aleja).
El amor, función de onda universal,
puro entrelazamiento, no Einstein, cuántico.

En vosotros existo, en el nosotros
de nuestro microcosmos cotidiano
y extiendo mi vivencia al infinito,
allá de Aldebarán, Sirio y estrellas
a trece mil millones de años, super-
masivas. Así pienso.
Y así existo,
en tinaja de Diógenes recluido...

Las dos caras

Si las rosas son flores con espinas,
las aulagas espinas son con flores.
Mezclan ambas dolor con sus colores:
la alegría y la pena son vecinas.

Si las letras son duras disciplinas,
los números penetran con dolores.
Juntan los dos penar con esplendores:
siempre encierran dos caras las doctrinas.

La verdad encerrada en electrones,
ser y no ser y serlo al mismo tiempo,
nunca es ni confusión ni contratiempo.

Y el entrelazamiento de fotones,
o función de onda universal, existe.
La doble esencia en todo coexiste.

Tú cuántica

Mi luz absorben,
Como agujeros negros,
Tus ojos, densos.
El sol serás
Para este ciego.

Tú y yo, tuyo y mío (Juego de espejos)

«Las entidades no son más que nodos efímeros en
esta madeja. [...] Existen en relación a algo más.
Todo es lo que es solo en relación a algo más...»
CARLO ROVELLI. *HELGOLAND* (2021)

«¡Qué alegría más alta:
vivir en los pronombres!»
PEDRO SALINAS. *LA VOZ A TI DEBIDA* (1933)

Hablar contigo es amarte
y también sentirme amado.
Respiras siempre a mi lado
y respiro para darte
el ventalle de mi arte.
Ves la tuya en mi mirada,
en tu espejo reflejada,
cuántica relación pura,
en que brilla tu dulzura
en mi semblante irradiada.

Dos rectas paralelas

Tú y yo somos dos rectas paralelas
que, euclidianamente, no se cortan,
o, en la geometría proyectiva,
se cortan en un punto impropio, allá
en el infinito, donde da fe nadie...
Mientras vivimos, nunca se unirán nuestras
rectas. Somos agentes solitarios,
señeros, divergentes, a nuestro aire,
que, a veces, nos cruzamos en distintos
planos y, sin contacto, separamos
nuestra trayectoria... No.
Cambia de enfoque:
los entrelazamientos son, si cuánticos,
reales en amor, por siempre unidos.
Somos dos rectas en el mismo plano
que alcanzarán intersección y vuelta
a empezar, con el ritmo de las sangres
 que se incendian, explotan y se enfrían...
y se incendian después, baile de rectas
que van y vienen raudas, imparables,
líneas que convergen en su vértice.
Los números revueltos en consciente
inconsciencia, los planos confundidos,
el futuro inmediato al infinito,
nos intersecaremos día y noche,
recta mía de mi alma.

PC en casa

Graniza mi teclado piedras duras
quebrando con palabras la medida
de tropos y de errores.
En la pantalla centellean chispas
de rayos iracundos en imágenes
de tormenta virtual.
Sudo de comezón y un dicho añoro:
«Mi casa, mi castillo».

Densidad de la materia

Abro los ojos. Miro la materia
y taladro sus células, sus átomos.
Al modo, los traspaso, de neutrinos,
sin romper ni rasgar, sin hacer daño,
como rayos de luz que nunca queman.
Orificios encuentro no visibles,
como con microscopios electrónicos,
infinitesimales muestras vivas
exentas de materia, casi nada.
Casi nada, materia y vaciedad
que están y se forman en mi mente,
mente destinataria de mis cinco
sentidos conocidos y los otros.
Pero la vaciedad, pero la nada
son mías y de fuera, las percibo
porque están y porque puedo hacerlo.
Se me cierran los ojos y los sueños
despliegan mis neuronas en sinapsis
cerebrales. ¿Intuyo o sueño? Dudo
de mi realidad. Vuelven preguntas
de Agustín o Renato, tan precuánticos.

En el tiempo y el espacio

—«Nanosegundo tras nanosegundo,
hora tras hora, días y semanas,
meses y años, la vida en su durar
recorro obsesionado a pie ligero».

—«Hay hitos, me dirás, que se recuerdan
diez mil años después». —«Fueron millones
las gestiones, contactos, relaciones
que pudieron haber cambiado todo...

¿Quién sabe qué segundo es importante?
Time flies y malgastar no es mi proyecto».
—«Hay muchos universos». —«¿Tienes pruebas?

Y cada onda y partícula de luz
podría generar mil universos...
Nunca tan poco pudo crear tanto».

—«No veas maravillas
donde se ven limitaciones nuestras
en dirección de mira e instrumentos».

El lugar de los besos
lo ocupan las palabras,

 las palabras
que hablan de besos.

Signos en vez de bocas.
Sombras en vez de cuerpos.

Antonio Pérez Roldán. «Sombras, signos».
Que respondan los pájaros (2021)

EROS

Amor y cosmos

A María Dolores

Tu sereno saber y tu hermosura
los tersa el tiempo con su rueda alada
y arrebatan mis ojos con mirada
que sosiego y pasión en mí conjura.

Si en amor lo juicioso es la locura
—día de eclipse, noche iluminada—,
la rotunda presencia de la nada
mi seso activa como droga dura.

Pienso en ti y pienso en lo infinito. Pienso
en intercambios como luz veloces.
Pienso en el universo, tan extenso

y tan a mano. Y pienso en el intenso
avivasensaciones de los roces:
tú y yo en un clímax de fusión inmenso.

Fisis y Eros

Murmullo del agua
tras las hierbas.
Tu cuerpo desnudo
en la entrega.
Éxtasis. Sosiego.
Mi pareja.

Dos aduanas separan

Dos aduanas separan
mi amor del tuyo.
Dos aduanas lejanas,
dos barreras, dos rejas aceradas,
dos simas, dos
barrancos cuyo fondo
es infinito.
Lejana la frontera como enorme desierto desprovisto de horizontes.
Dos aduanas partiendo
mi corazón y el tuyo.

El poeta murmulla con la ausente

Palpo el aire a la caza, nada airosa,
de tus sonrisas y palabras niñas,
y mis yemas, mujer, encuentran aire.
Ojos de ascuas y en vilo, mi mirada
te busca entre las sábanas de siesta
mas no caldeas, ida, sus arrugas.
Por si ciego, olfateo por la atmósfera
contigua, jabalí y sabueso, y hozo
sin barreras de espacio en tu rastreo.
Afino, como un sordo, la atención
de mi escucha animal por tus suspiros,
tus quejidos, tus risas, tus insultos,
y un silencio calámbrico me envuelve.
A la boca me llevo toda prenda
que a tu cuerpo me evoque, mientras lamo
en la percha mi ropa y saboreo
saliva tuya, seca, de otro instante…

¿Adónde te escondiste, canto, aroma,
piel, luz y paladar, que das sentido
a mi vivir —los dos, tú y él, ausentes?
¿Ke fare, amiga, si no estás conmigo?
¿Cuándo será que pueda, de ti preso,
coser con liza tu mirar al mío?

Heme aquí, ni señor ni esclavo, solo
tu otro yo y tu razón: sé tú los míos.

Incertidumbre

«La incertidumbre es una margarita
cuyos pétalos no se terminan jamás de deshojar»
MARIO VARGAS LLOSA (1936)

«La única cosa cierta es la incertidumbre continua»
STEPHEN CROOK (1950)

Amor, por ti me lanzaré a la arena:
vivo de amar y por tu amor peleo.
Morirme por dar muerte a mi deseo
y darme vida así no me serena.

De agujas de inquietud mi pecho llena,
cuando tus ojos miro lo que veo:
no sé si soy de tus desdenes reo;
finges, creo, al mostrarte tan ajena.

Nada encuentro capaz de darme claves
ciertas, todo semeja un claroscuro,
poco me dan tus labios, bien lo sabes.

Tu amor, parece, acotas con un muro
con foso, sin escalas y sin llaves,
porque a ciegas te siga en el futuro.

Noche amiga

Cae la tarde dulcemente ahora
en la majada limpia y olorosa.

—No te vayas, la noche todavía
no ha dejado, envidiosa, su guarida.

Los músculos recuerdan las recientes
hazañas de las sangres en que hierven.

—Cógeme, tengo frío y me entra miedo,
negra premonición lanza el lucero.

Contrarias sensaciones se entremezclan
en cóctel que regostos acrecienta.

—No te hundas, viviremos altos triunfos
como viven las águilas los suyos.

Con chal que nos protege de miradas
cae la noche cómplice y callada.

Por los sueños del férvido universo

Por los sueños del férvido universo
navegas al encuentro de tu sino
e ignoras si cándido o perverso
te aguarda, como Jano, tu destino.

Te solazas al ritmo de mi verso
trazado como surco campesino
en la arada del campo, limpio y terso,
prometedor de vida y de camino.

Si tus sueños resuelves vincular
a mi siembra, verás que, contemplando
tu arribada, herviré, multiplicado.

Pues unir uno y uno no es un par
en álgebra de Amor, que no es sumando
al cálculo habitual encadenado.

Rueda, mejor que fluye

A María Dolores

Rueda, mejor que fluye
—sí, curvilíneo—,
por campos y senderos
tu cuerpo mío.
Goza lo que eres
sin escarchas, sin sombras:
te pertenece.

Robos

Me has robado tres besos –quizá cuatro–
breves como un instante, fugitivos,
picaduras de avispa, dolorosos,
tú y yo, tú y yo, tú y yo, siempre encendidos,
un, dos, tres roces, golpes, lengua, aliento
yo te robo, me robas tú el sentido.

Los dos dentro

La lluvia azota mis cristales,
lluvia azotada por el viento,
viento salvaje que recibe
el azote del huracán,
envidiosa Naturaleza.

Sonrío al calor de mi hogar
mientras aprecio los avisos
de amenazas a mi refugio
de cómoda monotonía,
esquiva al hostil exterior.

¿Eres tú, mujer, vendaval
que, ajeno a mí, me zarandea
desde fuera, en mi alcázar pétreo,
enemiga, como la muerte,
de mis goces, de mis nirvanas?

¿Eres tú, mujer, camarada
en mi baluarte y a mi lado,
igual en el disfrute intenso
de mi paz y mi cavilar,
entre muros a cal y canto?

Yo te quiero, mujer, conmigo,
los dos dentro frente al afuera,
olvidados de los asedios,
mientras la suma de los dos
nos triplica en amor y alcance.

Eternamente Uno (A modo de bolero)

(Con la venia de Quevedo)

Muestra lo que es una mujer preciada, y refiere
los efectos constantes sobre el amante y ella.

Pues me enamoran las mujeres tanto,
me ha bastado el querer de una mujer.
Una vez me hechizaste con tu encanto,
me diste siempre plenitud de ser.

Nunca me faltarán risas ni canto,
ni echaré nunca en falta otro querer.
Nunca he vertido lágrimas ni llanto
ni nunca he visto mi amor desfallecer.

Me colmaste de luz y de ambrosía,
aventaste de mí todas las penas,
me encandilan tu juicio y armonía.

Podrá la muerte atarnos con cadenas
y llevarnos podrá su alevosía,
mas seguirán ardiendo nuestras venas.

Miradas

«Love is very often just a kind, deceptive metaphor
of a farewell to a coarse reality»
O. H. OLLEBAC (1950)

Siguen mis ojos tus pisadas frescas
en la nieve de fuera y hacia afuera
se encaminan las puntas del calzado,
de mi alcoba alejándose hacia el bosque.

No sé si he de mirar hacia tus pasos
y ver cómo te alejas y no miras
hacia atrás, hacia mí, perplejo y mudo,
o mirar hacia el lecho de hace un rato,
donde tú, donde yo, donde los dos
perdíamos el mundo y el presente
—tan molestos, superfluos y a destiempo
para quienes buscaban uno al otro.

Te miro sin mirar, te ven mis ojos
cerrados y sin luz a la evidencia
de que estás ida y yo me vuelvo loco
por un pasado sin futuro, ahora
que quiero que te vuelvas y que vuelvas
¿Qué te espera en el bosque y en la nieve
que no sea tirar por la ventana…?
¡A mí me tiras, tiras mi alcoba,
lo que juntos habíamos mirado!
Te vas y no te sigo: es que nos vamos.

Ecos de ti

Dos simas de silencio.
Dos voces en susurro.
Ecos.
Tu lamento perdura en mi murmullo.

Cesar podrá nuestro entrelazamiento

Siguieras viva cuando yo me vaya
a la vida que, dicen, nos espera
interminablemente duradera,
con desmemoria y dejadez de playa,

entonces vestirías negra saya
en tu sentir, perenne compañera,
o pondrías olvido en tu primera
pasión y trazarías nueva raya.

Tu futuro es incierto como el clima.
Estás abierta a múltiples andanzas
porque vivir alienta y desazona.

Desde el futuro, encajo: «No te oprima
el cepo del deber porque no alcanzas
que mi amor se eternice en tu corona».

«*Nel mezzo del camin di nostra vita...*»

A María Dolores,
mujer y madre,
por serlo

Por el tobogán del tiempo
te deslizas suavemente,
imagen de ritmo y música
como esquíes en la nieve.
Fuego tú de amor y luces,
paz y orden inteligentes,
se te aguzan las entrañas
ante males que nos cerquen.
De tu casa y de los tuyos
centro y alegría siempre,
apasionada y distante,
juntas belleza y placeres.
Señera, sí, nunca sola,
delicada mujer fuerte,
unes en ti los contrarios,
las olas que van y vienen.
Mira, firme, el horizonte
y confía en lo que llegue:
que tu vida se deslice
mientras seas lo que eres.

En el libro de tu cuerpo

He leído en tu cuerpo el libro de tu vida,
de bizarra escritura, no siempre compartida.

Calibro tus vivencias y en tus ensueños vibro,
desde mi propio cuerpo, desde mi propio libro.

En desnudez espléndida pareces ofrecer
todo, hasta el más recóndito tuétano de tu ser.

La infancia atrás dejada asoma en tu sonrisa
de jovial inocencia, ante nada sumisa.

Se remueve a las veces tu juventud sin trabas,
cuando la puerta abrías de metas que anhelabas.

Hay sueños en tu cuerpo, pero sueños que escuchan
pulsiones de los vetos y licencias que luchan.

La madurez te cambia, no mudas tu libreto.
Se me borran las letras quizá bajo un secreto.

Percibo los misterios que escapan a mi alcance.
Los asumo normales y no como percance.

Leíste tú mi cuerpo con docta maestría,
conocedora antigua de qué mi alma decía.

Nada te oculta (¿nada?), ingenua desnudez:
mis adentros y afueras se muestran sin doblez.

Releeré tu cuerpo, repasaré tu libro:
con las nuevas lecturas mis ojos equilibro.

«Y consiento en mi vivir
con voluntad plazentera
clara e pura.»
JORGE MANRIQUE. *COPLAS A LA MUERTE DE SU PADRE*

«¡Oh si acabase, viendo cómo muero,
de aprender a morir, antes que llegue
aquel forzoso término postrero;
antes que aquesta mies inútil siegue
de la severa muerte dura mano,
y a la común materia se la entregue!»
ANDRÉS FERNÁNDEZ DE ANDRADA. *EPÍSTOLA MORAL A FABIO*

ARS MORIENDI

Apoptosis

A Irene, lúcida doctora.
(Con la venia de Jorge Manrique)

Como caen las hojas de los árboles
en las tardes de otoño y como caen
los pétalos de flor en primavera,
proceso natural y programado,
fenómeno eficiente de apoptosis
o muerte celular de quienes dejan
paso franco al futuro y herederos,
no de otro modo las consciencias plenas,
mirando hacia delante, copartícipes,
sin rémora o resabios, y mostrando
«voluntad plazentera, clara e pura»,
consienten en morir y transformarse,
en esencia y presencia, dentro y fuera,
por instantes, por ciclos o por siempre.

Llanto por mi padre (Elegía)

LOS HECHOS

Viviste con amor y en paz te fuiste.
Con el tiempo volviéndote la espalda,
secado el manantial de tu contento,
se te fue lentamente la existencia
en huida irreparable hacia tu muerte:
veinticinco de agosto, dos mil cinco.

LA MEMORIA

Recuerdas a tu padre, moribundo,
diciendo: «Vete a misa», como herencia,
mas tú, eran ocho años, a por pájaros
irte. Frío vendría mucho tiempo
en casa, y peonadas de chiquillo
bien escasas, y duro aprendizaje
en caminos, telares y rastrojos.
La guerra no buscada, a los dieciocho,
con sobresaltos crueles y querencias
de amigos fraternales. Ilusiones
después con el noviazgo y con la boda.
Quebraderos por tantos remolinos
de pocos cuartos y dispendios muchos.

Ser padre, y admirado por mí verte
y comprendido. Quiebra de la fábrica,
angustia del presente, a ocho duros
de sol a sol jornales, la aventura
de arrancarte del pueblo, y los telares
a doscientos kilómetros extraños;
serán setenta y dos cada semana
las horas de suplicio en turno y medio,
entre desdenes étnicos y amigos
nuevos, con horizontes que no tapian
los regresos anhelantes a tu pueblo.
El retiro después y, sin respiro,
achaques incurables de la madre
que descubren tu traza cuidadora.
¿Recuerdas? Soledad en vida y dudas
desmoralizadoras desde dentro.
Hombre bueno, seguiste tu camino,
con aguante ejemplar mascando firme
sinsabores de absurdo incomprendido.
Cicatera la vida, como siempre,
tuviste, sin embargo, cirineos
y en tu pasión juntaste cruz y cara.

La promesa

No todo morirás, ya te lo dije
al ver tu desazón ante el olvido:
vivirás imborrable mientras viva
o mi gente imborrado me mantenga,
que en tu fe y mi querer hallarás, padre,
seguro trampolín hacia lo eterno.

Como pompa de jabón

Hacia un insituable cementerio
inevitablemente
seguro
amanezco en mi lecho sopesando con tiento
los posibles rodeos y aventuras
del día que comienza.

Amigo de la muerte
o novio de la muerte,
iré a juntarme un día con mi novia.

El noviazgo no brota de mi amor
ni
siquiera de mi antojo.
Impregna mi existencia
tan solo porque sí:
ahí lo tengo.

(La vida es un brevilargo camino, camino hacia la muerte.
O solo un punto).

Mi coito con la muerte
hará de mi cadáver la matriz
de mil posibles seres.

El ciclo
de mortal vida
iniciará sus pasos suavemente,
interminablemente,
    inexorablemente,
            caminante perdido
                  sin final.

Nochevieja

Cantar quiero las ansias de mi vida
la noche que los años ven la muerte;
llorar quiero con lágrimas mi muerte
el día que los años ven la vida.

Quizá vengo al nacer con larga vida,
pero siempre cercado por la muerte.
¡Y saber nunca puedo si la muerte
hoy mismo tronchará mi incierta vida!

¡Y yo ansío vivir con alegría!
¡Y yo ansío gozar de lo creado!
Mas pende sobre mí la muerte mía…

Parezco depender de un resultado
que el destino me trae a sangre fría:
la Muerte me sortea con un dado.

Viernes Santo

Muerto. Ha muerto. Jesús ha muerto. Muerto.
Acaba de inclinar su sucia cara.
Acaba de inmolarse sobre el ara.
Mentira. No es verdad. Pero no: es cierto.

De alma su corazón está desierto.
Su sangre no se sabe dónde para:
fue perdiéndose al golpe de la vara
y al ir manando su costado abierto.

El cuerpo no refleja su nobleza.
De dolor tiene hinchado el rojo seno.
Parece un estropajo sin belleza.

Tiene el cuerpo de heridas todo lleno.
Me da miedo. Me asusta su fijeza.
Pero, dolor, soy yo el que le condeno.

«La tarde cayendo está»

«La tarde más se oscurece;
y el camino que serpea
y débilmente blanquea
se enturbia y desaparece»
ANTONIO MACHADO. «YO VOY SOÑANDO CAMINOS».
SOLEDADES, GALERÍAS Y OTROS POEMAS (1907)

 «Ante los ojos, mientras, el futuro
Se me adelgaza delicadamente,
Más difícil, más frágil, más escaso»
JORGE GUILLÉN. «DEL TRANSCURSO». *CLAMOR.*
QUE VAN A DAR EN LA MAR (1960)

Llegó el tiempo de la mengua
al tiempo que mengua el tiempo.

Los vencejos ya no anidan
al arrimo del alero.
De las risas juveniles
solo suenan los recuerdos.
Arruga no bella, intensa,
donde estuvo el rostro terso.
Se le hacinan cortapisas
al atleta de los juegos.

Las grageas, por asado;
por carreras, los paseos.
Marte y Venus, espaciados,
dos planetas en su afelio.
Más delgada, más escasa,
la chispa del intelecto.
Se despiden los amigos
al borde del sueño eterno.
Taller bajando persianas,
vehículo sin arreglo.
Lo vivido está presente:
afirmación y lamento.
¿Nostalgia o melancolía?
Vence lo no venidero.

Llegó el tiempo de la mengua
al tiempo que mengua el tiempo.

Mientras agonizo

(Con la venia de William Faulkner)

En este anochecer acongojado
en que la lengua trábase y se lía,
chocando como pájaro encerrado
de golpe en almacén desconocido,
me revuelvo con giros desnortados
entre angustias de asfixias y cegueras
hacia aquí y hacia allá, convulso dando
las boqueadas últimas de vida.

Tú, mi muerte, cuida

Tú, mi muerte, cuida,
cuida lo que me haces,
no te dispares un tiro en el pie…
Yo no estoy por la labor
(y no, no estoy obsesionado
con vivir aunque sea de rodillas,
con rehuir lo desconocido —quizá barruntado, quizá conocido—,
con estirar el chicle de existir).
Me reconozco en unos cuantos
—cada vez menos, siempre no los mismos,
ahí están las felicitaciones de Navidad y cumpleaños—
y, pensando en ellos, pensando en mí,
me place persistir en el camino,
oler las flores, mías y de otros,
ver la luz de la tarde, captar mis espeluznos,
sorprenderme con lo nuevo rutilante o lo viejo que perdura,
sentirme parte del todo sin perder el uno,
incertidumbre avivada
por ejemplos ajenos o síntomas propios y analíticas,
por ideas y creencias que se solapan, desmienten y me azaran;
cansancio de Sísifo —mi igual, mi precedente, mi hermano—,
que a mi percepción obnubila
por reiteración o inutilidad de todo.

Todo es ayer,
pasado y perdido
— recuperado, no a menudo para mí, para ellos, mis cuantos—,
mas decreciendo a contracorriente de los años
que se me suman cada catorce de mayo.
No te alteres, *be happy,* mi muerte, no te avives
—valga el juego antitético, aunque los juegos contigo son mortales—;
quédate en Barcelona cuando a uña de caballo yo huya hacia Aguilar
donde quizá tengas pensado, maligna y engañosa, tomarme a mi llegada.
Yo, mi muerte, te tengo amortizada (otro juego, chúpate esa),
sé que eres parte de mí, cruz y cara, uña y carne, omega de mi alfa,
pero espera, vamos a llevarnos bien, no nos hagamos mutuamente daño.
¿Con retranca te sonríes, resabiada vaquilla de fiestas?
Mejor que sigamos, silbando tú, y yo, tirando
aunque sea, me desdigo, de rodillas.
Porque, ignacianamente, haz tu composición de lugar, imagina la escena:
tú me estás matando y yo me muero; triunfo de tu apremio, presumes,
mas, en correspondencia perfecta temporal,
también tú, mi muerte, mueres en mi muerte…

Última voluntad

Que me pongan un lápiz en mi lápida
o, mejor, un bolígrafo de punta
fina, con avidez de eternidades,
para seguir, perpetuo, componiendo
mil versos y mil cartas, escribiendo
mis pesquisas en busca de sentido...

NATURA NATURATA. LO QUE HAY

Camino de perfección

A quinientos o mil metros de altura,
en el aire sobre riscos y llanadas,
tonalidades y colores
desbancan en los ojos los objetos.
Las manchas de color en almazuela
requieren traducción, procesamiento,
en el cerebro de las águilas
para tornarse en presa apetecible
—o culebra, o conejo, o corderillo
recién parido. La experiencia
de interpretar contorno —mixto, orgánico—,
bajo luces diversas, la asimilan
los aguiluchos desde las primeras
veces en otear el panorama,
perplejos, cavilosos, allá arriba,
desde el altor arisco de sus nidos.
La acaban más tarde por las prácticas
de vuelo, con la guía de sus padres,
culminadas en tercos ejercicios
de identificación o detección
y captura final de presas
—ascesis reiterada
con afán, con ahínco,
hasta que no se zafa
rasgo ninguno distintivo
a los ojos adolescentes
del águila y entonces
son objeto y color la misma cosa.

Senryus

cruel primavera
el campo se despierta
del sueño plácido

*

las mariposas
agitan con sus alas
los huracanes

*

una luciérnaga
le ilumina al verano
su hora de noche

*

sopla el otoño
el viento se lamenta
del tiempo en tránsito

*

rosada amarga
ni colores ni trinos
ni aromas verdes

*

paz de los campos
bajo la piedra acecha
un alacrán

Haikus

noche de julio
sale el zorro de caza
o a ser cazado

*

hierba en ribazo
el segador sacude
media culebra

*

otoño en ciernes
la viña amarillea
ebria de vida

*

quiebra el albor
la hoja helada se mueve
salto de rana

*

tarde de abril
ruiseñor y calandria
buscan pareja

*

fin de febrero
una mujer que mira
hacia adelante

Mañana de invierno

«Adopta el ritmo de la naturaleza; su secreto es la paciencia»
RALPH WALDO EMERSON (1803-1882)

«La naturaleza no es cruel; solo, despiadadamente indiferente»
RICHARD DAWKINS (1941)

Mañana insípida de invierno y fría.
En el aire, limpieza sanadora.
Aromas de ancestral panadería
el alma reaniman, soñadora.

Con suma lentitud avanza el día.
En el huerto, un peral de frío llora.
Colores de dormida altanería
el ardor contrarrestan de la flora.

Hermosa, se regala la rosada
mientras se esfuma, efímero, lo bello
que lo humilde y decrépito atesora.

Entonces aparezco de la nada
y me dejo llevar por el destello
de esta Naturaleza que me ignora.

Zarauz 1

Es todo cemento en el cielo
y es la tierra su reflejo.

Zarauz 2

el sol juega en la calle
mezclado con los niños

mil ventanas
se han abierto en las paredes
pidiendo auxilio
el sol
bonachón y generoso
las ha llenado de oxígeno

la ropa que se seca
suda en los hilos
el cielo
se ha llenado de aire limpio

luz a borbotones
inunda
el paisaje que diviso

mi corazón respira
más libre más tranquilo

Tregua

Oigo campanas que anuncian mediodía.
Por respeto, las nubes de tormenta
un rato han arriado su bandera.
Árboles, aire, gente y sol respiran.

Momento

Palidece en la tarde el viento sordo
entre rojas llamaradas del ocaso.

Lluvia

La lluvia son lamentos
del sol en el exilio
que llora de despecho.

Borrasca

El sol ha muerto
y ha sido sepultado entre las nubes.
El viento se disfraza en remolinos
cantando el miserere.
Hay luto universal y los geranios
dejan a media asta sus corolas

El aire
ha teñido su traje azul en negro.
Las nubes, abrumadas por la pena,
comienzan a plañir
y la tierra se ofrece de pañuelo.

Los hombres
rinden homenaje póstumo
y encienden dos mil cirios en sus calles.

En mi ventana
espero la llegada de la noche
para dar a la viuda en su retiro
mi pésame sincero.

Subida del monte Monegro

Subo desde Aguilar por el barranco
y paso por La Llana entre romeros,
ulagas y tomillos, con paisajes
grandiosos que fusionan tierra y cielo.
Alta y lejos, la Sierra de Alcarama
me lanza un guiño de ojos sempiternos
mientras, cercano y bajo, serpentea
por la vega el Alhama desde el yermo.
Respiro, y dudo si seguir, ahítos
mis sentidos de olor, color y sueños
de infancia, con los míos en la siega
de estos rozos, pinares hoy esbeltos.
Firme y suave, el embrujo me sacudo,
cierro los ojos y los pies aprieto
en la senda a la cumbre que me mira,
gavilán que encandila en su misterio.
Recorro, lento, el carrascal oscuro,
majestuoso y tupido de Monegro.
El suelo, irregular y peligroso,
azuza mi atención y mis esfuerzos.

Piso donde pisara de chiquillo,
los más remotos lances recupero,
feliz en este ayer, y en mi cabeza
bulle un raudal de atávicos ensueños:
la corta centenaria de la leña,
las bellotas cogidas en invierno,
la caza con los perros, sigilosa,
el chorizo y el pan y los torreznos…
Son de ahora y de entonces, sobre todo
de entonces: el ahora son recuerdos.
No quiero acomodarme en las ciudades
a la vida de asfalto sin sosiego.
Quiero vivir la vida de mis padres.
Quiero parar el discurrir del tiempo.
¿Estoy seguro? El monte me sonríe
y me despide. Es tarde y ya me vuelvo…

Desde lo alto de La Llana

He subido con mis nietos,
por barrancos y vaguadas,
entre ayudas y carreras,
hasta lo alto de La Llana.
Asomados a las peñas,
mirador en avanzada,
en toda su plenitud
el ser del mundo se alcanza.
Los cuatro elementos griegos
pareciera que se amasan,
como harina, levadura,
agua y sal en pan de hogaza.
En el ambiente se funden
aire, fuego, tierra y agua;
sin que descuelle ninguno,
la unión de todos destaca:
la atmósfera transparente,
un sol con rayos que abrasan,
vega baja y altos montes,
curvo caudal del Alhama.

—Bajo estas peñas, mi padre
tuvo un rozo de sembrada;
lo rozó con el aladro
removiendo roca y matas.

Eran tierras comunales,
de uso sin registrar nada
y cuando los forestales
repoblaron la montaña,
plantaron de pino el rozo,
y en las tierras abonadas
los pinos medraron rápido
y se murió la cebada.
De aquel pedazo de vida,
con siembra, siega, esperanzas
de grano y paja bastantes
para el corral y la cuadra,
no quedan ya ni mi padre
ni la yunta de labranza,
ni hermano, primo o vecino
que de ello testimoniaran,
ni escrituras en que rece
cuántas fueron las añadas
de guano, sudor y aguante
ante raquíticas parvas.
Pero yo, nietos, lo canto,
lo revivo en mis palabras,
os lo paso a vuestras vidas
y el rozo y mi padre aguantan
en el horno del recuerdo,
en la memoria lozana,
en la unión real y mística
del ayer, hoy y mañana.

En la noche

Cuando la noche cae sobre el alma
y el corazón se llena de nostalgia,
un sentimiento de ternura nace
deteniendo –latente queda– el ritmo
de la vida y la sangre.

Germinan
–parece primavera–
tallos tiernísimos de verdes fibras
en derredor del pecho
remedando el abrazo
de mil enredaderas.

Un impulso terrible
de romper con rudeza estos halagos, estas flojeras,
brota espontáneo del fondo mismo
de mi soberbio yo.

…Mi cuerpo
no deja –pese a todo–
su ración de ternura
–siente–
y me dejo llevar plácidamente
hasta sumirme
oh cielo
en el más deleitoso ensoñamiento…

«Tu ne quaesieris, scire nefas, quem mihi, quem tibi
finem di dederint, Leuconoe, nec Babylonios
temptaris numeros. Vt melius, quidquid erit, pati!»
HORACIO *(ODAS, 11)*

«La poesía es conocimiento, salvación, poder, abandono.
Operación capaz de cambiar el mundo, la actividad
poética es revolucionaria por naturaleza; ejercicio
espiritual, es un método de liberación interior.
La poesía revela este mundo; crea otro»
OCTAVIO PAZ. *EL ARCO Y LA LIRA* (1956)

BUSCANDO EL SENTIDO, BUSCANDO SENTIDOS

Conocer la verdad de mi destino

Conocer la verdad de mi destino
Imposible. Perder toda esperanza.
Nadie podrá decirme nunca nada.
El mundo no conoce ni lo suyo.

Seguir luchando. Quién sabe, las cosas
se aprenden en escuelas no esperadas.
Todo en vano. Parece un dormitorio
la Tierra; todos callan y si alguien
habla, debe callar porque molesta.
No sé si duermo yo como los otros.

Yo busco la verdad de mi destino.
Escuché la canción de unas sirenas.
Las seguí. Me burlaron: eran monstruos.
Me gustaban los mares enfadados,
mas no quisieron acogerme en ellos.
Seguí buscando. Inútil
para mí. Tedio. Frío en la cabeza.
Iba a morir sin conocer la vida.
Enteramente solo en la tormenta.
Pensé: todos sin mí..., pues yo sin todos.

Entré en mí. Parecía un laberinto
con miles de caminos aparentes.
Intenté recorrer alguno: en vano.
Estaban taponados con miserias.

Con la lucha mi mente se encendía,
parecía una vida menos muerta.
Medité: mi camino soy yo mismo.
No lo veo. Esperanza. No estoy muerto.

No encuentro la verdad de mi destino,
pero, buscándola, yo sé que vivo.

Seguir. Quizá la muerte tan temida
guarda las llaves
del palacio fantástico que busco.

Arrojado-en-el-mundo

Como un grano de trigo tirado en la avenida
más concurrida y céntrica de una ciudad poblada,
al que nadie echa en falta y al que nadie percibe,
sin malicia pisado, reducido a la nada,
compartiendo el espacio con virutas, papeles,
colillas y cristales, basuras olvidadas,
sin lustre ni nobleza, comida, quizá, de ave
que va picoteando e, indiferente, traga…

Ø(Vacío cero)

Menos que flema al éter arrojada,
perdidas las vergüenzas del enojo,
me pisotean todos sin sonrojo,
menos que suela en pliegues encorvada.

Menos que bola de semilla ajada,
me zarandea el viento, y a su antojo,
por barranco, por bosque, por rastrojo,
menos que hoja del árbol arrancada.

Ni a respirar me atrevo por las calles,
sombra de sueño que no ofende nunca,
un donnadie en ridículo eviterno.

Ni a suspirar me atrevo por detalles,
sueño de sombra que mis sueños trunca,
iluso cero que se sueña eterno.

En mar de dudas

«Lo dudoso es una realidad líquida
donde el hombre no puede sostenerse y cae»
JOSÉ ORTEGA Y GASSET. *IDEAS Y CREENCIAS* (1940)

Dudas y te detienes a pensar.
Pero, en realidad, estás en blanco.
Vacilas aún más. Cerebro estanco.
Sudores en tu frente, sin parar.

Buscas entre la niebla un fiel pilar
que te afiance en el paso del barranco.
También buscas a tientas algún banco
en que puedas sentarte a cavilar.

No te engañes. Estás solo y en riesgo.
Entra en ti. No vendrá de fuera ayuda.
Dudas. Duda más bien de todo sesgo

cognitivo que embauque con anclaje
tu decisión, que ciegue y que sacuda
tu pensar, sin apoyo ni andamiaje.

Cavilación de otoño

Camino, solitario, otoño y tarde,
y mi infancia columbro, etérea y remota.

Fui joven hasta casi los sesenta
pero resbalé entonces en la indefinición.
Vi a la muerte vivir vecina mía
en ademán de hablarme, opaca su mirada.
En mi entorno caían unos u otros,
tocados, quién lo espera, por muerte o por su amago.

Caí, mas no del todo, y revivía.
Me puse en marcha, fija la vista en el poniente
de mi existir palmario de individuo:
me aferraba a barrotes, a cabos y maromas,
que surgían, pensados o impensados,
y, a veces, me alentaban, me azotaban, a veces.

Se suceden los sustos, las alarmas
resuenan en la noche, se disparan al alba.
Presente es el morir, siempre presente.
Presente es el vivir, todavía presente.
Vivir por algo, y más, vivir para algo:
inventando qué hacer, vislumbro los setenta…

Estoy para no estar, lo sé bien, pero
seguir estando tiene todas mis complacencias…

De vita beata

Arrojado al albur de las riadas
en cuyos remolinos se entremezclan
barros, gravas y rocas, pedregales
doloridos, paupérrimos eriales
anegados, sin orden ni concierto,
así navegaré, sin que siquiera
orientarme consiga en mi agujero
negro —o blanco, no sé— que me despeña
acantilado abajo hacia la sima
de la nada y del todo —que es lo mismo.

***

Así pienso y no vivo.
Mi pensar contrarresto
con amigos y *hobbies*
que mis tardes serenan.
Digámoslo a lo rústico:
tirando de mi arado
un buey pausado y recio
y un alazán ligero
trazar un surco logran
profundo y rectilíneo,
sumando y no restando,
contrarios no, sinérgicos.

Rubai (Cuarteta)

(A manera de Omar Jayyam)

Llegan días inanes y me esperan afanes;
vendrá, cierta, la noche y dormirán mis planes.
¿Quién siempre me vigila? Genes, ciencia y destino
encandilan mis ojos como unos gavilanes.

Del mundo me quexo

«Pleberio.—Del mundo me quexo...»
FERNANDO DE ROJAS. *LA CELESTINA*, AUTO 21

Un día más y van tantos vividos
por bosques de ciudad y por desiertos,
por camposantos grávidos de muertos,
circundado de hedores y bramidos.

¿Son fantasmagoría o son sentidos
—los cinco, hiperestésicos, despiertos?
Ahí fuera está el mundo, ojos abiertos,
haciéndome visajes no sabidos.

Es hiriente la luz de la mañana
como sal en heridas, como aceite
que escalda la garganta, como insulto

de quien amas. La noche se arrellana
en mis íntimas cañas con deleite:
yazgo, imagen ridícula, insepulto.

Oficio de vivir

Naces desnudo, sucio,
con llanto y sueño;
apenas ven tus ojos,
estás hambriento.
Vivir es ir
arrostrando obstrucciones…
y pervivir.

Ganas amor de madre,
triunfas en juegos,
logras metas, pasiones,
amplías sueños.
Vivir es ir
concertando con otros…
y bienvivir.

Pierdes padres, amigos,
salud del cuerpo,
sueños y profesiones,
futuro cierto.
Vivir es ir
dejando trozos de uno…
y malvivir.

Te vas nudo o vestido,
sin gozo o duelo,
echado en falta o solo,
con o sin sueños
Vivir es irse
pasando al otro lado…
al desvivirse.

Quedas en el olvido,
vacío eterno.
Muere quien te recuerda,
sueño de sueños.
Morir es ir
viviendo en descendientes…
¿Y revivir?

Instante final

Me he sentado a esperar el gran impacto
que vendrá –planetoides– de los astros
o del núcleo compacto de la Tierra.
Llegará de improviso.
Un segundo, quizá, barruntaremos
la explosiva fusión de nuestros yoes
y no habrá quien escape.
Madres amamantando y abrasadas;
parejas sorprendidas en trabajos
de Amor, interrumpidos para siempre;
enfermos de las UCI y sus médicos
unidos en la nada;
mineros enterrados; trasatlánticos
hervidos en el agua; apocalipsis
de fuego, viento, vértigo, espirales:
la muerte no dará vida y sí muerte.
Y nada habrá que quede. Nada. Nada.

Me he sentado a esperar. Puertas cerradas.
Mi curso acabará mientras aguardo
y será individual y solitario
el instante final, probablemente,
pero sale la cuenta por igual:
no quiero luchar más. Las esperanzas
agrian más el dolor. La luz y el caos

primigenios hermanan sus moléculas.
Parálisis mental. Por mis órganos
verdes fluyen la sangre y el pus, muertos.
Me he sentado a esperar y ya no espero
corazones en flor, tampoco almendros.
Roto por fuera y lúcido por dentro,
desnortado contemplo el universo.
Electrocardiograma plano. El cielo...

Me he sentado. Yacente, moribundo,
sinapsis impensadas mi cerebro
—¿mi cerebro? ¿un cerebro?— multiplica.

Suena el reloj

El aire impregna de ritmo
mis horas de duermevela.
Cuarto a cuarto, dobla en casa
el recio reloj de pesas.

Resbalan, lentas, las horas
como aceitosas culebras,
huidizas, sinuosas,
por ribazos, por acequias.
Huye el tiempo, catarata
indomable, sin compuertas,
hacia océanos de muerte
o de oníricas sirenas.

Y el estribillo sonoro,
dulce tañido en cadena,
toque a toque y hora a hora,
mi existencia me recuerda,
y mis átomos dormidos
de vigor nuevo se impregnan,
con golosas libaciones
en ondas perecederas.

Y a veces, dentro del alma,
las campanadas resuenan,
mas nadie en su noche atiende
que el día muere y… comienza.

 Qué suave ensimismamiento,
qué placentera inconsciencia,
residir en siempreolvidos
de relojes que se alejan.

Vuelve el tiempo a pasar

Vuelve el tiempo a pasar
delante de tu casa.
No hay sorpresas y siempre
la rueda solar canta
su canción caminera
cincuenta y dos semanas.
Un año. Quedan guiños
fugaces en la nada...
No creas. Se han grabado
en ti huellas, palabras
o estelas que parten
y llegan a las playas.
Sonríe. Por delante
asoman más mañanas
¿Difíciles? Confía.
Colea la esperanza.

No recurro a Pericles ni a la *Ilíada*

No recurro a Pericles ni a la *Ilíada*
para afrontar las plagas o las luchas
azarosas –mortales o salvíficas–
de la existencia, cíclica aventura
en pos de vellocinos o de griales,
matriz de aspiraciones que deslumbran
con antojos o ensueños, como lotes
de ilusiones que trazan con argucia
un camino, una estela por los mares
procelosos del ser que, fiado, surca
instantes de presencia luminosa
antes de retomar la noche oscura
que, almo estiércol, a ratos se entreabre
a casual fluorescencia, fugaz, lúcida,
de los cañaverales que vegetan
o piensan libertades entre brumas…

*

Grácil, trinando,
un pajarillo
micropartículas
caza en su pico
que a mí venían,
como diablillos
de grises miasmas:
por hoy, respiro.

142

Redentoras huidas

Como tortuga que se aferra a un palo
sujeto con su boca y se confía
al vuelo de dos gansos solidarios
para alcanzar estanque y tierra ignotos,
donde le aguardan, cree, otras tortugas
con las que creará nueva familia,
y se deja llevar, ojos cerrados,
por los aires, se aleja de su tronco
que la libró de los rigores fríos
y olvida los jugosos pastizales
de verdes hierbas que aja la sequía,
porque cambiar de vida es necesario…

Porque cambiar de vida es necesario
a veces, solo a veces, cuando obligan
el hambre o la aventura, también cuando
de avena loca siembran tus bancales
o cuando la inquietud por los atajos,
que alientan la caída en las celadas,
la contrarrestan redentoras huidas.

Las huidas del migrante, porque vuela,
como tortuga aupada por dos gansos,
en busca de memoria olvidadora
cuando cambiar de vida es necesario.

Derrota

Esperar no sabiendo qué se espera.
Por las alturas corre el horizonte
a robarme la placa luminosa
del sol; parece una cascada hambrienta
llamándolo con ansias a su seno.

 Apresurarme. El sol camina raudo,
obediente a la voz del horizonte.
Yo busco la esperanza que me sacie
y solo con la luz puedo encontrarla.

El sol se torna rojo y palidece
en medio de estertores mortecinos
bregando por vivir. Suspiro solo
sin hallar la esperanza que yo espero.

La noche
se cierne por los prados y los montes
tras la muerte total del sol bermejo.

En lo lejano, el horizonte negro
retoza alegremente en las tinieblas.
Saborea el dulzor de mi derrota.

A ti que no has nacido ni sé el nombre

A Irene

Desde que tuviste la dulce ocurrencia
de visitarnos en este mundo,
las nubes se han elevado por encima de sí mismas
y el sol sonríe cada mañana en la terraza.
No creas que todo lo tienes ya hecho,
de comenzar acabas, el mar brama y la tierra,
helada más de una vez te dejará el adelante
como ha pasado siempre a los visitantes de este mapa.
Ármate de valor y al toro, escucha,
que mucho cuesta lo que mucho vale,
y ninguno puede llamarse a engaño
o perderá todo el encanto de la lucha y de la hazaña.
Ya lo habías notado, me comentas,
pero no lo habías querido creer
porque ni te conviene ni convence
salir de lo seguro a la celada.
Según tu gestación, inexorablemente,
camina hacia la luz, mientras tu cuerpecillo
recibe forma y nada en lagos maternales,
vives en vida niña tu vida de mañana:
vivirás avatares, buscados y azarosos,
triunfarás en tus retos, caerás por pendientes,
perpleja sufrirás,
y allí, entonces, mi mano verás y mi confianza.

De Cataluña a Zarauz

Me ha llamado mi padre, sin palabras,
y en día de trabajo acudo a verlo.
La distancia es olvido, dice el dicho,
que yo rompo, quizá por hijo y padre.
Por los Monegros silba el tiempo y pasa.

Céntrome en él, murmullo ensimismado
que su muerte mendiga, y no la quiere.
Soledad de febreros sin objeto
claro. Aguacero de años desnortados
y confusos. Mujer en cementerio
lejano, allá en La Rioja, donde júntanse
infancia y vejez, nacer y muerte.
Ansia de lo perdido y barruntado
nubladamente. Voy, en autocar,
a llevarle consuelo –y consolarme–
al País Vasco –grata tierra ingrata-.

No sufras, padre. Vive lo que tienes
y vive en ti la vida de la madre
ida. Apura tu tiempo con nosotros.
–Nubes y nieve, ocúltase el Moncayo–.
Es fría la rosada pero hermosa:
refulge con el sol y se deshace;
así tu desazón de larga ausencia.

Pónese el sol, cansino, en esos cielos
de Zaragoza. Llego en pocas horas,

tú me esperas. Señálame un futuro
para ti, que soy yo, no tan hundido.
La noche es dulce tránsito hacia el día.

Isidro Cabello Hernandorena

El hombre que se acepta y se conoce

El hombre que se acepta y se conoce
sabe bien lo que puede
y quiere lo que puede.
Puede, por tanto, todo lo que quiere.
Lo puede todo.
Es todopoderoso humanamente.
Un dios.

CERRANDO EL CÍRCULO

Nostos (Vuelta a casa)

Vuelve a casa depués de tantos años.
Sus padres no le esperan, fallecieron
en algún olvidado
hospital de provincias, como tantos
desamparados viejos en el último
viaje: el hijo vivía su odisea.
No le esperan. Tampoco sus hermanos
le estaban esperando; para todos
—la distancia, pensaban, es olvido—
ya no era él más que sombra en otro mundo.

Vecinos, al pasar, no reconocen
al extraño y apenas si lo miran,
ni recuerda sus caras o sus nombres,
desolado, el viajero.
Querría, entre punzadas, su memoria
revivir secretillos candorosos
de la escuela y los juegos cuando críos.
Recobrar el placer de los abrazos
de quienes se los dieron al marcharse,
seguros de su vuelta, quién dudaba.
Columbra las caricias, entre nieblas,
olvidado de quienes las hicieran.

Un artilugio toca las campanas,
jubilado ya o muerto el campanero.
Ni estañador ni paragüero chiflan
la oferta resignada de su oficio.
Los pájaros parece que son otros
y el coche desplazó caballo y mula.
La luna se confunde con anuncios
y el asfalto semeja un maremágnum.
Estas calles no son como antes fueron.

Confuso y desnortado, con vergüenza
por su casa pregunta a coetáneos,
que entrecierran los ojos un instante
—¿le reconocerán la voz, los ojos…?—
Inútil la esperanza, sangra el tórax:
el disfraz de los años le enmascara.

La casa no es su casa,
no tiene ningún cuerpo su pasado,
es un punto, no más, en el presente
sin futuro. Habrá vuelto para nada
de vida, en vano; hogar sin leña aguarda.
Después de tantos años busca en casa
su casa pero nada es ya su casa.
Es otra, como es otra su persona.

Ningún can con su cola le saluda.
No hubo Penélopes o amor entonces
ni habrá ahora un Telémaco en su busca
ni quien sus cicatrices reconozca.

Nada pervive de los viejos seres
—solo en él la memoria, intermitente,
que abona doloridas reflexiones:
«¿Habré vuelto a la nada de la nada,
a este mundo, que fue, y seguirá siendo,
vacío revestido de apariencia
para pálpitos vanos, pretencioso?
¿Cómo me persuadí para la vuelta,
en busca de sentido (o sinsentido)?
¿No existía mejor como *homo viator*
gozando fugazmente cada etapa
de mi viajar a cielos terrenales
y dar con chispas de mi yo profundo?
¿Por qué cambié mi gloria por el *nostos?*
¿No advertían mis ansias de volver
que mi ilusión llevaba al desengaño
y que Ítaca solo es... literatura?
Morir en el intento ya venía
en mi yo desde el huevo fecundado…
¿Nacer, crecer, partir, acomodarse,
volver para morir, es el programa?»—.

(Se cierra en falso el círculo
—las ansias y recuerdos confundidos—
del viaje que es su vida,
que se le escapa,
     que se le acaba,
          prosaico Ulises,
            ya).

BRINS DE LÍRICA

Com la ginesta

Com la ginesta que sorprèn pels camins,
groga i formosa per fora i per endins,

omplint els ulls de joia i serenor,
l'alè i el cor de càlida tebior,

així ets tu i els teus petons sobtats,
florits i tebis als llavis encisats,

amb fre i passió estremint-se't el cos,
promesa folla de gaudi per tots dos.

Bil·lusions

«Una imatge val més que mil paraules, cert.
La paraula poètica, però, suggereix mil imatges»
A. ARISO GUTUR

L'entrellat treure del delit d'estimar
dos cops alhora, sens patir ni culpar.

Dues sensacions van i vénen al cor,
com fan les ones, entre llum i foscor.

Son i vigília, aigua blava i sol roig,
cor compartit, amb tristeses i goig.

Veure en somnis el caire dels avencs,
sentir vertigen, i atracció, tremolencs.

Gaudir calfreds i estremir-se d'amor
cert el desig i segur el dolor.

Cru febrer

Som en el temps del combat indecís
entre l'ahir i el naixent horitzó,
entre els dolors i els gaudis amb delit,
entre la llum i la grisa foscor.

Som al febrer, en els límits del tot,
quan decidim la fi o el recomenç.
Amb pluges, pro, el gel més cru es fon
tot i amb fredor que glaci el pensament.

Dels patiments l'esperança emergeix,
s'obren els cels i el sol flameja a dalt;
llavis i ulls esclaten riallers,
joia i amor fan niu al nou arbrat.

Viu, doncs, feliç, pel conhort de saber
que pots obrir la finestra amb esper.

De ingenuis voluptatibus
(Els plaers senzills i innocents)

(UNA GOSADIA)

En aquest bosc on s'amaguen els secrets
d'ungles d'agulles i esmolats ganivets,
sota el ramatge d'uns arbres de foscor
amb feristeles fent-me ensumar la por,
les estovalles en l'herba groga estenc,
ingenu el goig, l'ànim gens temorenc,
sord als esglais, discernint els perills,
cercant, a ulls clucs, els meus plaers senzills.

Contraris subsegüents

Ànim amunt darrere un lluminós
dia de goig i joia vertaders,
la nit somriu amb son de somnis ple:
lluny els esculls, segura cerca el sol.

Temps de futurs i propòsits pregons
de plans tranquils a mig pensar i fer;
jove la ment, frueix dels llumeners,
 lluna i estels, que acreixen horitzons.

I tot de cop, dintre el cos, acerat
bull un dolor, acèrrim ganivet:
plors sense fi com de fera udolant.

Els somnis tots s'esvaeixen al vent
mentre la nit el sol vol allunyar…
Sense motiu el mal segueix el bé.

Malaltia i felicitat *(De vera beatitudine vitae)*

Plou, suaument, i les arrels frueixen
de plenitud: vigoria de saba.
Bufen els vents i l'arbre vigorós
capeja el grop: el cim, alterós, branda.
Lluu el fullam, resplendint de verdor;
primaverals, les branques noves flairen;
l'alè es refà, esclata la Natura,
riuen els dies i cauen les nits, plàcides.

Fa temps que plou només dins del meu cor;
la pluja em prem, caiguda en abundor.
Nocturns els clams de sorda tempestat,
res no somriu en un pit enllotat.
Sota l'aiguat devingut torrentera,
l'ànim defuig els goigs de primavera.
L'ofegament m'enfonsa a un negre bosc
i al meu cervell el viure s'ha fet fosc.
Grans els estralls als meus interns confins,
la solitud m'esborra tots camins.
No afluixo, pro, per tants mals en munió:
un raig de sol s'albira en l'horitzó.

Una esperança, gran en llavor petita,
vol germinar: i la llavor es fa
llavor. Això, és a l'arrel de tot.
La voluntat, sigui cega o conscient,
dóna el demà: el temps és un desig
de la minúscula planteta o l'embrió
que, entre dolors, de la terra o la mare,
trenca l'escorça i es llança a l'horitzó.

Sí, la felicitat, potser, es troba
en l'interval joiós, algú pot dir,
entre dues absències. La vida,
però, és més i ofereix més opcions.
Felicitat també ho és l'esperança
—visceral o assenyada, tant s'hi val—
de superar l'absència. És també
felicitat saber al moll de l'ànima
que el nostre viure humà es composa sempre,
com si fos un destí, de les presències
i absències i estar-hi tot conformes.
Conformisme?, diràs. Més aviat
la sàvia —i rebel— conformitat
amb l'incert resultat del pols perenne
entre el que es té a la mà i el que es desitja.

Ensomni d'abril *(Tempus amoenum)*

Surt el temps de bon matí
i omple el dia groc de llum;
núvols i ocells fan el cel,
sento l'alè amb força i or:
món que està ben fet i dit.

Nit (Haikus)

l'estel s'albira
des dels forats dels boscos
les gineus ronden

llit a les fosques
dos cossos en ple dubte
les hores passen

la lluna se'n va
sirena i llop udolen
el món reviu

a trenc de l'alba
gebrada es mou la fulla
bot de granota

llums del matí
dormisqueja la gespa
lluen brins d'aigua

Còsmica dansa

Híbrica fusió d'entusiasme
i acumulació d'enginy, diners,
avenços tecnològics, bogeria
racional, disputes (també fe),

les lleis de la Natura —el Món se'n riu—
que els científics cerquen en el CERN,
com les ones al mar, es fan i es desfan,
certes de ser dissoltes en el temps.

Amaga la Natura els seus misteris
sense cap voluntat d'amagament.
Ple d'ordre, en les galàxies, i caos

determinista, s'infla l'Univers
sencer, amb el guiatge de cecs guiant
amb risc de precipicis, altres cecs.

Destí humà en la natura quàntica

«La ciencia és la progressiva aproximació
de l'home al món real»
MAX PLANCK

Gairebé un buit, curulls som de forats,
forats de buit, vacuïtat i res.
Creuen el cos bilions de neutrins,
i, al capdavall, no tenim fermetat,
perquè som buit, en forma, prò, d'humans.

I ho som, d'humans: homes, dones, infants,
ebris de ser i del propi valer,
no indiferents a la Física d'avui,
les seves lleis, principis, fonaments
demolidors, que ens esglaien la ment,
feta al costum, ritu i conviccions
que van donar significats al ser.

Vivim cercant grans raons d'existir
per defugir l'ànsia de fugir.
Ho fem perquè som un buit no tan buit
—el que es percep i el que mai es percep—.
Som quàntic buit, sempre ple d'espai-temps.

166

No té sentit l'existència, cap,
en l'estel·lar immensitat dels mons.
Som perquè hi som, productes casuals
d'infinitat de causes sens perquès.

No té sentit existir, però en té,
potser petits, però suficients
per viure i ser, generats i nascuts
al nostre si –armat amb la raó
i els sentiments– de la necessitat
de plenitud, seguretat i goig.

No tot està ja dat i beneït,
determinat, la llibertat absent.
Paradoxal principi de l'incert:
des dels fotons fa possible, potser,
el lliure albir, que certesa ens forneix.

Ombres de somnis

«Σκιᾶς ὄναρ ἄνθρωπος»
[El somni d'una ombra és l'home]
Píndar, *Pítiques* VIII, 95 (segle v a. C.)

«For you know only / A heap of broken images»
[Perquè només coneixes un munt d'imatges trencades]
T. S. Eliot. *The Waste Land* [La terra erma]. v. 21-22 (1922)

«Les entitats no són més que nodes efímers en aquesta
madeixa. Les seves propietats no estan determinades
fins al moment d'aquestes interaccions. Existeixen
en relació amb alguna cosa més. Tot és el que és
només en relació amb alguna cosa més...»
Carlo Rovelli. *Helgoland* (2022)

El somni ombrós

La vida, el món el somni són d'un déu
somniador i ebri, pensava Heine;
en despertar, tan sols se somriurà
i el nostre món no haurà estat, serà res.

Píndar, primer, Shakespeare i Alberti el gran,
com Calderón o el cec Borges després,
contra corrent, el tòpic van tractar
del somni ombrós, la fluixesa del ser.

Cimbells encisadors

Pardal al niu, creient-te saberut,
paranys posats, l'existència et rep
i et fa pensar en les ones del mar
creixent a dalt, onatges eviterns.

La il·lusió, que des del més pregon
del nostre ser curulla els elements
dintre el cervell, ens mou amb ficcions
que, com coets, ens llancen als estels.

Inconsistents, fills del somni enganyós,
corrents sortim com ràfegues de vent
per un instant, cofois del nostre cos,
i imaginem, fatus, un viure etern.

¿Algú apercep la farsa dels sentits,
la levitat dels homes, fugissers,
quan la raó, amb el sentit comú
com a estendard, cega l'arcaica ment?

Somni de somnis

El somni soc dels que, dintre el meu son,
somnien junts; vius, adormits, un temps
ens mantenim i, quan desperta algú
—la mort tornà—, la resta tremolem…

Les ombres som de somnis amb greu so
que, com desperts, tot el viure ens manté
somnis que som, buits envoltats de buits:
somnis vivim i en els somnis viurem.

Parèntesi de fermetat

(((Xiula el plaer, cert de ser valuós,
motiu bastant per no dubtar de res,
pedra de toc per provar-hi el que val
l'assaig vital, vàlid per si mateix.

Crida el dolor, cert de ser i fer dany,
indici ver del real consistent;
atesta, agut, la tangibilitat
del cos humà: carn, os, sang, pèls i pell.

Soc el que soc: odi, menyspreu i amor
de veritat, que són suficients
per distingir càlid/fred, altres/meus,
al costat/lluny o real/aparent))).

Lleis o déus

El pensament dels filòsofs antics,
amb *el ser és* –fermat pel *no ser no és,*
corroborat per Newton: el real
és absolut, i la Natura, llei–,

va omplir la ment, els usos i costums
quotidians de doctors i de llecs,
que en tenen prou per viure i actuar,
amos del món i de la terra ferm.

Veure i tocar, control, càlcul i assaig
–o l'acció dels sentits i la ment–
retien fets dissenyadors d'un món
sempre ordenat, eixit de lleis o déus.

El ser no és

Objecte o flux, deceben els sentits
i el nostre jo la seva entitat perd:
relacions pures i canviants
amb l'entremig en constant moviment.

Relació de forces és un cos,
vol de colors entre el jo i l'aliè:
límits trencats, rebuig d'identitats,
sense glamur, sense grans, sense res.

El que es percep és l'excitació
de quàntics camps, no essència ni ser,
relacions de les quals pots parlar:
el moviment descriu el que existeix.

Foc d'encenalls

Fuig el fotó, partícula, ona o gra.
Tot s'esvaeix com l'ombra s'esvaeix
en la foscor. És un node el meu cos
d'intensitat, però és poc més que res.

Bull l'univers com un immens conjunt:
vacuïtat, buidat el buit mateix,
un món il·lús, il·lusori i incert,
realitats sense últims fonaments.

Viure és viatjar en fenòmens constants
del contingent i l'interdependent,
creació de poesia i flux,
foc d'encenalls, certs, prò, dolor i plaer.

Miratge al desert

Noves lliçons de física llampant,
quàntics sotracs, fan trontollar les lleis
del que és real, en un món d'ones psi
hi concorrent el que és i el que mai és.

Perquè jo soc tan sols els vincles meus:
la identitat, mera ombra que forneix
somnis fingits de l'ordre universal,
miratge fals d'oasis al desert.

Nox atra cava circumvolat umbra[1]

La visió d'inspirats bards antics
es descompon com dogmes dels vells temps;
s'avé, però, amb els quarks i fotons:
somni és el món, una ombra el que es percep.

Com despertar del somni sense son?
Com destriar labilitat o ser?
Somni seré, però amb dolor real,
ombra en la nit que envolta i protegeix.

---

1. «La negra nit ens envolta amb la seva circumdant ombra», Virgili, *Eneida,* II, v. 360.

En mar de dubtes

Sempre m'atreuen causes de volada
cívica, que absorbeixen tot d'impulsos.
Ensems, deixo dormir els interessos
personals, que sovint ho inunden tot.
Però els combats interns no amainen mai
perquè la ment i el cos es mostren dèbils
i el que es veu fer, exemple de costums,
a dalt i a baix, trontolla l'elecció.

Xiula el temps ple d'enveja i m'afebleix
les certeses antigues que reblien
de sentit els propòsits de perviure
en pau amb mi mateix, en goig etern.
Sempre m'atreuen causes que es combaten,
perquè la vida és lluita, com diu el savi,
pensar segueix el dubte, escriu el filòsof,
i els meus fets contradiuen el que penso...

E pluribus unum (de molts fer-ne u)

Som diferents els uns i els altres sempre
(els animals, els arbres, els estels
ho són també). Diferents en anhels,
àtoms i gens, tarannà, cos i tempre.
I som semblants, individus i grups.
Indicis certs són d'aquest pensament
ossos i carn, habilitats i ment.
Sembla el raïm tot homogeni als cups.
Pobles i estats, humanes unions,
el diferent acoblen i el semblant;
la humanitat cobeja enllaç constant
perquè el divers compon les nacions.
El món sencer ansiós cerca l'u
tot concedint que serem diferents.
Guerres i paus són raons contundents
perquè mai més se n'exclogui ningú.

Arrels de roure

Per les arrels ben plantat en el ventre
i en el confort de sa mare, la terra,
el roure viu, frueix la vida mentre
transcorre el temps, mai ningú el desenterra
i al cercle seu es converteix en centre.
Molts anys viurà produint sempre el mateix:
fulles i aglans, branques cap al cel i ombra,
l'oasi fresc. Per res mai, però, acreix
els horitzons si el foc crema i escombra
arrels i tronc quan enterc l'agredeix.
El roure mor entre roures com ell
sense objectius lluny de l'àrid espai,
sínia atroç i frustrant aparell,
sempre impotent sense treure's l'esglai
de viure poc, tancat al seu anell.

Ofuscació

M'allunyaré de la comunitat
i del dissolt equilibri de drets
que per tants temps havíem conreat.
Mai em veureu rendit ni aventurer.

Pel vol de cent deixen l'ocell anar
i, amb els ulls clucs d'encís i bressoleig
de tantes veus, tresquen a l'espadat,
cecs ofuscats guiats per altres cecs.

Em planto

Tu ets qui ets, recordo, em deies sempre:
Jahvé de casa i pobre ser alerta.

A tots agrada dir-me què cal ser,
(i guarden, creuen, pur l'esprit nostrat),
però és amb tu que estic d'acord quan penso,
doncs veig que soc qui soc, no més, no menys.

Davant ningú cedeixo el dret de ser
distint; no igual, però arbre solidari.

TRADUCCIÓN
DE LOS POEMAS EN CATALÁN
(Apoyo a la lectura del original)

Hebras de lírica

Como la retama

Como la retama que sorprende por los caminos
amarilla y hermosa por fuera y por dentro,

llenando los ojos de dicha y serenidad.
el aliento y el corazón de cálida tibieza,

así eres tú y tus besos repentinos,
floridos y tibios en los labios embrujados,

con freno y pasión estremeciéndosete el cuerpo,
promesa loca de goce para los dos.

Bilusiones

«Una imagen vale más que mil palabras, cierto.
La palabra poética, sin embargo, sugiere mil imágenes.»
A. Ariso Gutur

El entramado sacar del deleite de amar
dos veces a la vez, sin sufrir ni culpar.

Dos sensaciones en el corazón vienen y van,
como hacen las olas, entre luz y oscuridad.

Sueño y vigilia, agua azul y sol rojo,
corazón compartido, con tristeza y gozo.

Ver en sueños de las simas el aspecto,
 sentir vértigo, y atracción, tremulentos.

Gozar de escalofríos y estremecerse de amor
cierto el deseo y seguro el dolor.

Crudo febrero

Estamos en el tiempo del combate indeciso
entre el ayer y el naciente confín,
en los dolores y los goces con deleite,
entre la luz y la oscuridad gris.

Estamos en febrero, en los límites del todo,
cuando decidimos el fin o el recomienzo.
Ahora bien, con lluvias el hielo más crudo se derrite
aun con frialdad que hiele el pensamiento.

De los sufrimientos la esperanza emerge,
se abren los cielos y arriba el sol flamea;
labios y ojos estallan risueños,
dicha y amor anidan en la nueva arboleda.

Vive, pues, feliz, de saber por la confianza
que puedes abrir la ventana con esperanza.

De ingenuis voluptatibus (Los placeres sencillos e inocentes)

(Una osadía)

En este bosque donde se esconden los secretos
de uñas de agujas y afilados cuchillos,
bajo el ramaje de unos árboles de oscuridad
con alimañas que me hacen husmear el miedo,
el mantel en la hierba amarilla extiendo,
ingenuo el gozo, el ánimo nada temeroso,
sordo a terrores, discerniendo los peligros,
buscando, a ciaegas, mis placeres sencillos.

Contrarios subsiguientes

Arriba el ánimo después de un luminoso
día de gozo y dicha verdaderos,
la noche sonríe con sueño de sueños lleno:
lejos los escollos, segura busca el sol.

Tiempos de futuros y propósitos profundos
de planes tranquilos a medio pensar y hacer,
joven la mente, disfruta de las luminarias,
luna y estrellas, que acrecientan horizontes.

Y de repente, dentro del cuerpo, acerado
bulle un dolor, acérrimo cuchillo:
lloros sin fin como de fiera aullante.

184

Los sueños todos se desvanecen en el viento
mientras la noche al sol quiere alejar…
Sin motivo, el mal sigue al bien.

Enfermedad y felicidad *(De vera beatitudine vitae)*

Llueve, suavemente, y las raíces disfrutan
de plenitud: vigor de savia.
Soplan los vientos y el árbol vigoroso
capea el chaparrón: la cima, altiva, se balancea.
Luce el follaje, resplandeciendo de verdor;
primaverales, las ramas nuevas dan olor:
el aliento se rehace, estalla la Naturaleza,
ríen los ríos y caen las noches, plácidas.

Hace tiempo que llueve solo dentro de mi corazón;
La lluvia me abruma, caída en abundancia.
Nocturnos los clamores de sorda tempestad,
nada sonríe en un pecho enlodado.
Bajo el aguacero devenido torrentera,
el ánimo rehúye los gozos de primavera.
El ahogamiento me hunde en un negro bosque
y en mi cerebro el vivir se ha oscurecido.
Grandes los estragos en mis internos confines.
La soledad me borra todos los caminos.
No cedo, sin embargo, ante la multitud de tantos males:
un rayo de sol se vislumbra en el horizonte.

Una esperanza, grande en semilla pequeña,
quiere germinar y la semilla se hace
semilla. Esto está en la raíz de todo.
La voluntad, sea ciega o consciente,
da el mañana: el tiempo es un deseo
de la minúscula plantita o el embrión
que, entre dolores de la tierra o la madre,
rompe la corteza y se lanza al horizonte.

Sí, la felicidad, tal vez, se encuentra
en el intervalo gozoso, alguien puede decir,
entre dos ausencias. La vida,
sin embargo, es más y ofrece más opciones.
Felicidad también lo es la esperanza
—visceral o sensata, igual da—
de superar la ausencia. Es también
felicidad saber en el tuétano del alma
que nuestro vivir humano se compone siempre,
como si fuera un destino, de las presencias
y ausencias y estar todo conformes.
¿Conformismo?, dirás. Más bien
la sabia —y rebelde— conformidad
con el incierto resultado del pulso perenne
entre lo que se tiene en la mano y lo que se desea.

Sí, la felicidad, quizá, se encuentra
en el hueco gozoso, puede alguien decir,
entre dos ausencias. La vida,
es más, sin embargo, y da más opciones.
Felicidad también es la esperanza
—visceral o sensata, qué más da—

de superar la ausencia. Y es también
felicidad saber en el centro del alma
que el vivir humano se compone siempre,
a modo de destino, de presencias
y ausencias y del todo estar conformes.
¿Conformismo? —dirás. No, más bien
esa conformidad rebelde y sabia
con el resultado del pulso perenne
entre lo que se tiene a mano y lo que se desea.

Ensoñación de abril *(Tempus amoenum)*

Sale el tiempo bien temprano,
de luz al día gualdo llena;
nubes y aves hacen cielo,
mi aliento noto con fuerza y oro:
el mundo está completo todo.

Noche (Haikus)

el lucero se vislumbra
desde los agujeros de los bosques
las zorras rondan

cama a oscuras
dos cuerpos en plena duda
las horas pasan

se ve el lucero
por las cuevas del bosque
rondan las zorras

la cama a oscuras
con mil dudas dos cuerpos
pasan las horas

la luna se va	se va la luna
sirena y lobo aúllan	sirena y lobo aúllan
el mundo revive	revive el mundo
al romper del alba	alba que rompe
escarchada se mueve la hoja	la hoja helada se mueve
bote de rana	salto de rana
luces de la mañana	luces de aurora
dormita el césped	entreduerme la hierba
brillan hebras de agua	brillos del agua

Cósmica danza

Híbrica fusión de entusiasmo
y acumulación de ingenio, dineros,
avances tecnológicos, locura
racional, disputas (también fe),

las leyes de la Naturaleza que —el Mundo ríe—
los científicos buscan en el CERN,
como las olas en el mar, se hacen y deshacen,
ciertas de ser disueltas en el tiempo.

Esconde la Naturaleza sus misterios
sin ninguna voluntad de escamoteo.
Lleno de orden, en las galaxias, y caos

determinista, se infla el Universo
entero, con la guía de ciegos guiando,
con riesgo de precipicios, a otros ciegos.

Destino humano en la naturaleza cuántica

«La ciencia es la progresiva aproximación
del hombre al mundo real»
MAX PLANCK

Casi un vacío, rebosantes estamos de agujeros,
agujeros de vacío, vacuidad y nada.
Cruzan el cuerpo billones de neutrinos
y, a la postre, no tenemos firmeza,
porque somos vacío, en forma, sin embargo, de humanos.

Y lo somos, humanos; hombres, mujeres, niños,
ebrios de ser y del propio valer,
no indiferentes a la Física de hoy,
sus leyes, principios, fundamentos
demoledores, que nos espantan la mente,
hecha a la costumbre, rito y convicciones
que dieron significado al ser.

Vivimos buscando grandes razones de existir
para rehuir el ansia de huir.
Lo hacemos porque somos un vacío no tan vacío
–lo que se percibe y lo que nunca se percibe–
Somos cuántico vacío, siempre lleno de espacio-tiempo.

No tiene sentido la existencia, ninguno,
en la estelar inmensidad de los mundos.
Estamos porque estamos ahí, productos casuales
de infinidad de causas sin porqués.

No tiene sentido existir, pero tiene,
quizá pequeños, pero suficientes
para vivir y ser, generados y nacidos
en nuestro seno —armado con la razón
y los sentimientos —de la necesidad
de plenitud, seguridad y gozo.

No todo está ya dado y bendecido,
determinado, la libertad ausente.
Paradójico principio de incertidumbre:
desde los fotones, hace posible, tal vez,
el libre albedrío, que certeza nos proporciona.

Sombras de sueños

«Σκιᾶς ὄναρ ἄνθρωπος»
[El sueño de una sombra es el hombre]
PÍNDARO. *PÍTICAS* VIII. 95 (SIGLO V A. C.)

«For you know only / A heap of broken images»
[Porque solo conoces un montón de imágenes rotas]
T. S. ELIOT. *THE WASTE LAND* [LA TIERRA BALDÍA]. V. 21-22 (1922)

«Las entidades no son más que nodos efímeros en esa madeja.
Sus propiedades no están determinadas hasta el momento
de estas interacciones. Existen en relación a algo más.
Todo es lo que es solo en relación con algo más…»
CARLO ROVELLI. *HELGOLAND* (2022)

El sueño sombrío

La vida y el mundo sueño son de un dios
ebrio y soñador –de Heine el ensueño–,
que, cuando despierte, solo sonreirá,
y no habrá existido, será el mundo un cero.

Píndaro, primero, Alberti el gran, Shakespeare;
también Calderón; después, Borges, ciego,
a contracorriente, trataron el tópico
del tan leve ser, del umbroso sueño.

Señuelos encantadores

Gorrión en el nido, sabihondo creyéndote,
parados los cepos, te acoge el tiempo
e imaginar te hace las olas del mar,
creciendo hacia lo alto, oleaje eterno.

Porque la ilusión, desde lo profundo
de nuestro ser mismo llena los elementos

dentro del cerebro; con ficción nos mueve
y, como cohetes, nos alza hasta el cielo.

Quebradizos, hijos del sueño engañoso,
ráfagas de viento, salimos corriendo
un soplo, de nuestro cuerpo satisfechos:
concebimos, fatuos, un vivir eterno.

¿Apercibe alguno farsa en los sentidos,
la levedad propia de hombres pasajeros,
cuando la razón, el común sentido
como enseña, ciega el viejo cerebro?

Sueño de sueños

Soy sueño de los que, dentro de mi sueño,
sueñan juntos: vivos, dormidos, un tiempo
duramos y, cuando alguno despierta
—la muerte volvió—, temblamos el resto...

Las sombras de sueños somos con sonido
que, despiertos, siempre nos mantiene sueños
que somos, vacíos entre otros vacíos:
vivir como sueños, vivir en los sueños.

Paréntesis de firmeza

(((Silba el placer, cierto de su ser valioso,
motivo bastante, de dudas ajeno
y piedra de toque, prueba del valor
de ensayo de vida, que vale señero.

Grita el dolor, cierto de ser y dañar,
verdadero indicio de lo real férreo,
que prueba, elocuente, tangibilidad
en humanos: carne, sangre, hueso, piel, pelos.

Soy lo que soy: odio, desprecio y amor,
porque son suficientes, de verdad y auténticos,
para apreciar frío / cálido, otros /míos,
real/aparente y cercano /lejos))).

Leyes o dioses

Pensamiento sabio de antiguos filósofos
—el ser es, y el no ser no es, su refuerzo,
que Newton refrenda, pues lo real es
absoluto y ley el natural medio—,

ocupó la mente, usos y costumbres
diarios de doctores y también de legos,
que tienen suficiente para hacer, vivir,
del mundo y la tierra los únicos dueños.

Ver, tocar, control, cálculo y ensayo
—acción de sentidos, también del cerebro—
dan diseñadores hechos para un mundo
ordenado siempre, con dios y preceptos.

El ser no es

Objetos o flujos, sentidos que engañan,
pierde nuestro yo entidad y genio:
relaciones puras, persistente el cambio,
con el intermedio todo en movimiento.

Relación de fuerzas da su ser a un cuerpo,
vuelo de colores entre el yo y lo ajeno,
límites borrados, sin identidades,
sin glamour, sin granos, sin nada en concreto.

Lo que se percibe es la excitación
de cuánticos campos, no esencia ni objetos,
puras relaciones de que hablar se puede:
lo que es lo define solo el movimiento.

Fogonazos fugaces

Huyen los fotones, partículas y ondas,
todo se deshace como sombra en medio

de la oscuridad. Mi cuerpo es un nodo
de intensidad, pero poco más que cero.

Hierve el universo como gran conjunto:
vacuidad, vaciado el vacío entero,
un iluso mundo, ilusorio, incierto,
con realidad sin sus fundamentos.

Vivir es viajar en muestra constante
de lo contingente y perecedero,
creando incesantes poesía y flujo,
fugaz fogonazo, dolor, placer ciertos.

Espejismo en el desierto

Las nuevas lecciones de flamante física,
cuánticos vaivenes, ley en tambaleo,
lo real, el mundo de la ondas psi,
do lo que es concurre con los que no fueron.

Porque yo soy solo los vínculos míos:
la identidad, mera sombra con bastimento
de sueños fingidos de universal orden,
espejismo falso como en un desierto.

«Nox atra circumvolat umbra»

La visión genial de bardos antiguos
se rompe cual dogma de los viejos tiempos;
no obstante, se aviene con quarks y fotones:
el mundo es un sueño, sombra lo que observo.

¿Cómo distinguir lo lábil y el ser?
¿Cómo despertar de sueños sin sueño?
Un sueño seré, real el dolor,
la sombra nocturna que protege al menos.

En mar de dudas

Siempre me atraen causas de altos vuelos
cívicos, que absorben muchos impulsos.
Al mismo tiempo, dejo dormir los intereses
personales, que a menudo lo inundan todo.
Pero los combates internos nunca amainan
porque la mente y el cuerpo se muestran débiles
y lo que se ve hacer, ejemplo de costumbres,
arriba y abajo, hace tambalear la elección.

Silba el tiempo lleno de envidia y me debilita
las certezas antiguas que colmaban
de sentido los propósitos de pervivir
en paz conmigo mismo, en gozo eterno.
Siempre me atraen causas que se combaten,

porque la vida es lucha, como dice el sabio,
pensar sigue a la duda, escribe el filósofo,
y mis hechos contradicen lo que pienso…

E pluribus unum (De muchos hacer uno)

Somos diferentes unos y otros siempre
(los animales, los árboles, las estrellas
también lo son). Diferentes en anhelos,
átomos y genes, talante, cuerpo y temple.
Y somos parecidos, individuos y grupos.
Indicios seguros son de este pensamiento
huesos y carne, habilidades y mente.
En los lagares, parece la uva toda homogénea.

Pueblos y estados, humanas uniones,
lo diferente acoplan y lo semejante;
la humanidad codicia enlaces constantes
porque lo diverso compone las naciones.

El mundo entero ansioso busca lo uno
concediendo que seremos diferentes.
Guerras y paces son razones contundentes
para que nunca más se excluya a nadie.

Raíces de roble

Por las raíces bien plantado en el vientre
y el confort de su madre, la tierra,
el roble vive, goza la vida mientras
transcurre el tiempo, nunca nadie lo desentierra
y de su círculo se convierte en centro.

Muchos años vivirá produciendo siempre lo mismo:
hojas y bellotas, ramas hacia el cielo y sombra,
el oasis fresco. Por nada, sin embargo, incrementa
los horizontes si el fuego quema y barre
raíces y tronco cuando porfiado lo agrede.

El roble muere entre robles como él
sin objetivos lejos del árido espacio,
noria atroz y frustrante aparato,
siempre impotente sin quitarse el espanto
de vivir poco, encerrado en su anillo.

Ofuscación

Me alejaré de la comunidad
y del equilibrio disuelto,
que por tanto tiempo habíamos cultivado.
Jamás me veréis ni rendido ni aventurero.

Por el vuelo de cien dejan al pájaro ir

y, con los ojos cerrados de hechizo y cuneo
de tantas voces, suben triscando al acantilado,
ciegos ofuscados guiados por otros ciegos.

Me planto

Tú eres quien eres, me decías siempre:
el Yahvé de casa y pobre ser alerta.

A todos gusta decirme qué hay que ser
(y guardan, creen, puro el espíritu de los nuestros),
pero es contigo con quien estoy de acuerdo cuando pienso,
pues veo que soy quien soy, no más, no menos.

Ante nadie cedo el derecho de ser
distinto; no igual, pero árbol solitario.

ÍNDICE

CARTA DE ENRIQUE BADOSA

(FRAGMENTO)

Salve, querido Isidro Cabello Hernandorena!

Poemas dolientes, a veces, los tuyos. Pero no desesperanzados. «Yo busco la esperanza que me sacie», dices. Luego, en el mismo poema, aparece el dolor de la derrota. Bien. Sin embargo, la poesía salva, y en la tuya hay la salvación por la belleza y por el conocimiento que la auténtica poesía procura. Salvación y consuelo, lo del «curarum levamen» de los latinos.

Enrique Badosa, Barcelona, xix-i-mmiii

(Carta manuscrita al autor)

ESTA
PRIMERA
EDICIÓN DE *Jugando
al mus con las musas,* DE ISI-
DRO CABELLO HERNANDORE-
NA, HA SIDO IMPRESA CON PAPEL
AHUESADO, DE 80 GRAMOS. SE HA
UTILIZADO LA TIPOGRAFÍA GARA-
MOND PRO. Y SE TERMINÓ DE
IMPRIMIR EN REPROGRÁFICAS
MALPE, EL 13 DE MARZO
DEL AÑO 2024.